广东培正学院外国语言文学重点学科建设项目
广东省社科规划2023年度学科共建项目成果（GD23XWY10）
广东省教育科学规划项目成果（2023GXJK564）
广东培正学院高等教育教学改革项目成果（PZ07202229）
广东省普通高校创新团队项目——"AI技术赋能外语学科科研创新团队"成果
广东培正学院课程思政示范团队——"AI技术赋能外语学科课程思政示范团队"成果（PZ06202415）

二语语块习得探究
Exploration of Second Language Chunk Acquisition

周正钟　战秀琴 ◎ 著

西南交通大学出版社
·成 都·

图书在版编目（CIP）数据

二语语块习得探究 / 周正钟，战秀琴著. -- 成都：西南交通大学出版社，2024.9. -- ISBN 978-7-5643-9918-4

Ⅰ．H09

中国国家版本馆 CIP 数据核字第 2024HS8293 号

Eryu Yukuai Xide Tanjiu
二语语块习得探究

周正钟　战秀琴　著

责任编辑	吴启威
封面设计	墨创文化
出版发行	西南交通大学出版社 （四川省成都市金牛区二环路北一段 111 号 西南交通大学创新大厦 21 楼）
营销部电话	028-87600564　028-87600533
邮政编码	610031
网　　址	http://www.xnjdcbs.com
印　　刷	成都蜀通印务有限责任公司
成品尺寸	170 mm × 230 mm
印　　张	13.25
字　　数	177 千
版　　次	2024 年 9 月第 1 版
印　　次	2024 年 9 月第 1 次
书　　号	ISBN 978-7-5643-9918-4
定　　价	68.00 元

图书如有印装质量问题　本社负责退换
版权所有　盗版必究　举报电话：028-87600562

总　序

　　学科专业建设是高校基础性、持续性、引领性工作，影响并决定高校发展水平和特色。目前，我国高等教育已经进入普及化发展和高质量发展阶段，对高校办学尤其是学科专业建设提出更多、更新、更高的要求。广东培正学院作为财经类应用型民办本科院校，必然要适应区域经济社会发展需要、行业企业发展需要和人才培养需要，不断优化学科专业布局，调整学科专业结构，加强应用研究和成果转化，提高服务区域经济社会发展能力与水平，为党育人，为国育才。

　　迈进新征程，广东培正学院贯彻新发展理念，落实立德树人根本任务，紧密围绕财经类应用型办学定位，立足广东、面向全国、以服务现代服务业为主，通过实施校级重点学科专业建设、"尚立人才引进计划"以及学科专业优化、产教融合、科研提升、优质培养等行动计划，"做优新商科、做强新文科、做特新工科"，致力打造以商为主、与商融合、与商交叉的学科专业群。2021年，广东培正学院共遴选出A类重点学科专业3个（外国语言文学、工商管理、计算机科学与技术）和B类重点学科专业4个（设计学、应用经济学、应用心理学、法学），进行重点建设，旨在坚持规范达标、内涵发展、特色发展、创新发展和动态调整的原则下，通过优化学科专业布局、提升学科队伍水平、提高人才培养质量、提升科研创新能力、服务区域经济社会发展、加强国际及粤港澳交流合作和构建学科专业管理体系等路径与方法，强化学科优势与特色，提高学科专业建设质量与效益，提升学科专业建设整体水平，构建学科专业新发展格局。

　　《广东培正学院重点学科专业建设丛书》将聚焦学校重点学科专业实践探索与理论研究，重点围绕学科专业建设成效，陆续出版包括学术专著、优秀教材以及教育教学改革著作等代表性成果，凝练学科专业方向，打造学科专业特色，构建学科专业团队，提升科研创新能力，提高人才培养质量，增强服务地方经济社会发展能力，推动学校高质量发展。

本丛书由黄崴校长任编委会主任，编委（按姓氏笔画排序）为万世明、刘飞、刘瑾辉、吴文平、张平、周建民、战秀琴。

是为序。

《广东培正学院重点学科专业建设丛书》编委会

2023 年 3 月 22 日

前　言

二语语块习得在外语学习中具有极为重要的作用，学习者的语块能力已经成为衡量二语综合能力的重要指标。然而，语块是介于语法和词汇之间，由单词组成的连续或非连续的语串，具有一定的复杂性和易变性的特点，这使二语语块习得比单个词汇的掌握更为困难。研究也发现，由于缺乏自然语言环境，二语习得者往往不能识别语块，甚至忽视语块。由此可见，语块等程式化语言的习得已经成为语言学习的主要难题。

为此，本书全面、具体考察语块特征（如音位特征）、学习方式（如附带习得与有意习得、有无记忆提取等）、知识类型（产出性知识与接受性知识）、学习环境（如输入和输出）和频次效应等对二语语块习得的影响，以期更好地了解二语语块习得的特点、方法、规律和影响因素和解决二语语块的准确掌握和记忆的问题。

本书共有八章，每一章涉及一个实证实验。具体内容如下：

第 1 章：记忆提取与音位重复对二语语块习得影响的实证研究。

本章的实证研究采用 2×2 被试间两因素实验设计,考察了记忆提取与音位重复对二语语块习得的影响，结果发现：①记忆提取对二语语块形式和意义的短时记忆没有显著影响，但对形式和意义具有更好的长时记忆保持效果；②音位重复对二语语块形式的短时记忆和长时保存的作用没有显著影响，对语块意义的短时记忆的影响也不显著，但是对语块意义的长时保存却十分显著；③记忆提取和音位重复没有显著的交互作用。本章的研究结论对语块教学有一定的启发作用。

第 2 章：输入与输出频次对二语语块产出性知识习得的影响研究。

本章的实证研究以两组共 72 名非英语专业大学一年级学生为研究对

象，考察不同输入频次和输出频次对中国大学生二语语块产出性知识习得的影响。研究发现：①不同输入频次对二语语块的即时产出性知识习得有频次效应，而且一周后存在延时效应；②不同输出频次对二语语块产出性知识一周后的测试有频次效应，而且两周后存在延时效应；③不同输入与输出频次对二语语块产出性知识习得的影响之间存在显著性差异。本章的研究有助于人们对显/隐性教学及"频次效应"的了解，揭示了不同输入频次与输出频次对语块习得的影响，对语块教学也有借鉴意义。

第3章：附带习得中二语学习者对语块与单词外围注意的对比研究。

注意是二语习得的必要条件，也是习得目标语言形式的第一步。本章的实证研究以非英语专业大学一年级学生为受试，考察在附带习得过程中二语学习者对文中的语块和单词所给予的外围注意水平及它们之间的差异。主要发现有：①从总体上看，附带习得中二语语块与单词外围注意的总体水平偏低，且两者之间具有显著性差异；②二语学习者的阅读水平与语块外围注意水平和单词外围注意水平之间的关系极弱，可以认为都不相关；③不同频率语块之间呈现低频语块外围注意水平＞中频语块外围注意水平＞高频语块的外围注意水平的趋势；不同频率单词之间呈现中频单词外围注意水平＞低频单词外围注意水平＞高频单词的外围注意水平的趋势；两者之间的趋势存在明显差异。本章的实证研究有助于人们对"注意"这一重要心理现象以及"主要注意"与"外围注意"在二语输入中的作用的了解，揭示出在阅读接触过程中"外围注意"的规律性和复杂性，对语块和词汇教学也有借鉴意义。

第4章：输出驱动和输入促成对二语语块习得的影响及作用机制研究。

本章的实证研究聚焦"产出导向法"理论体系中的两个教学假设：输出驱动假设和输入促成假设，以二语语块作为学习目标，探讨这两个假设在输出驱动条件下二语习得中的作用机制及对二语语块习得的影响。结果显示：在输出驱动条件下二语习得过程中，①输出驱动与输入促成对二语语块产出性知识的习得有影响。具体作用机制：输入促成在输出驱动对二语语块产出性知识的习得的关系中具有部分中介效应，也就是说，输入驱动不仅对二语语块产出性知识产生直接效应，也通过输入促成对二语语块产出性知识产生间接效应。②输出驱动与输入促成对二语语块接受性知识的习得有影响。具体作用机制：输入促成在输出驱动对语块接受性知识习得的关系中起着完全中介作用，即输出驱动对语块接受性知识习得的影响都是通过输入促成实现的。本章的研究结论不仅助力于深化以输出为核心的"产出导向法"的理论认知，增强其在外语教学实践中的理据，也对语块教学具有一定的启示。

第5章：复述产出对二语学习者语块使用的影响研究。

本章的实证研究旨在探索读后复述对二语学习者语块使用的学习效应。研究发现：①二语学习者即时复述产出中的语块使用存在与输入文本的协同；②二语学习者延时复述产出中的语块使用存在与输入文本的协同；③二语学习者即时和延时复述产出在语块层面存在着协同。本章的研究结果进一步拓宽了协同效应的研究视域，对于二语语块习得也有启示作用。

第6章：中国学习者二语语块的习得——显性学习与隐性学习实证研究。

本章的实证研究考察了中国学习者在外语课堂中的显性习得目标语块（教授）和隐性习得目标语块（背诵）的成效及其差异。结果显示：①显性学习和隐性学习对语块习得均有一定积极影响；②显性学习有助于知识的掌握（陈述性知识），隐性学习更加有利于知识的运用（程序性知识）；③显性习得和隐性习得不同的目标语块之间不仅存在一定的差异，而且导致这种差异的因素异常复杂。

第7章：加工水平与工作记忆容量对二语语块习得的影响——对"加工资源分配模型（TOPRA）"的考察。

本章的实证研究采用 3×3 被试间两因素实验设计，考察了加工水平与工作记忆容量对二语语块习得的影响。受试接受三种不同的加工条件学习24个目标语块：（a）要求进行语义加工；（b）要求进行形式加工；（c）不作加工要求（控制组）。随后参加了语块形式的自由回忆，语块语义的自由回忆和语块形式—语义映射三种测验。结果发现：①语义加工（深加工）对语块语义习得和形式—语义映射具有促进作用，并由于占用了对语块形式进行加工的资源，对语块形式习得产生抑制作用；②工作记忆容量的个体差异对语块习得起作用，影响着语块语义、形式、形式—语义映射的有意习得；③语块的语义加工、形式加工和映射加工三个次加工过程之间基本上存在着"竞争效应"，并受到工作记忆容量个体差异的影响。

第8章：语块教学法在我国基础教育阶段外语课教学中的可行性研究。

本章的实证研究立足于高中英语教学，进行为期一年的语块教学实践。研究发现，语块教学法有利于高中英语教学，具体表现为：①语块教学法的实施有利于提高学生的语块能力；②语块教学法比传统教学法更有利于培养学生的语言综合能力；③语块教学模式有利于学生形成良好的学习习惯、学习方法以及培养有效的学习策略。

本书中大量实证研究的结果有助于深化对以语块习得为导向的教学方法和规律的了解，在一定程度上丰富了"语块理论"。同时，这些成果对构建语块教学理论体系和创建具有实用性、可操作性的语块教学模式来指导我国外语教学改革具有深远的现实意义。

目 录

1 记忆提取与音位重复对二语语块习得影响的实证研究 ··· 001
　1.1 研究背景 ·· 002
　1.2 研究设计 ·· 003
　1.3 结果与分析 ·· 006
　1.4 讨论 ··· 009
　1.5 结论 ··· 012

2 输入与输出频次对二语语块产出性知识习得的影响研究 013
　2.1 相关文献回顾 ··· 014
　2.2 研究方法 ·· 016
　2.3 研究结果与讨论 ··· 019
　2.4 结论 ··· 026

3 附带习得中二语学习者对语块与单词外围注意的
　对比研究 ··· 027
　3.1 研究背景 ·· 028
　3.2 研究设计 ·· 029
　3.3 结果与讨论 ·· 032
　3.4 结论 ··· 040

4 输出驱动和输入促成对二语语块习得的影响及作用
　机制研究 ··· 043
　4.1 引言 ··· 044
　4.2 研究背景 ·· 044
　4.3 研究设计 ·· 047

   4.4 结果与分析 ………………………………………… 050
   4.5 讨论 ………………………………………………… 054
   4.6 结论 ………………………………………………… 057

5 复述产出对二语学习者语块使用的影响研究 …………… 059
   5.1 研究背景 …………………………………………… 060
   5.2 研究方法 …………………………………………… 061
   5.3 研究结果 …………………………………………… 063
   5.4 讨论 ………………………………………………… 066
   5.5 结论 ………………………………………………… 068

6 中国学习者二语语块的习得——显性学习与隐性学习
   实证研究 …………………………………………………… 069
   6.1 引言 ………………………………………………… 070
   6.2 相关研究 …………………………………………… 071
   6.3 实证研究 …………………………………………… 072
   6.4 结果与讨论 ………………………………………… 076
   6.5 结论 ………………………………………………… 083

7 加工水平与工作记忆容量对二语语块习得的影响——
   对"加工资源分配模型（TOPRA）"的考察 ……………… 085
   7.1 引言 ………………………………………………… 086
   7.2 相关理论与研究背景 ……………………………… 086
   7.3 研究问题 …………………………………………… 088
   7.4 研究设计 …………………………………………… 089
   7.5 研究方法 …………………………………………… 089
   7.6 结果与分析 ………………………………………… 091
   7.7 讨论 ………………………………………………… 095
   7.8 结论 ………………………………………………… 098

8 语块教学法在我国基础教育阶段外语课教学中的可行性研究 …………………………………… 101
8.1 引言 ………………………………………… 102
8.2 研究背景 …………………………………… 102
8.3 语块教学法在我国基础教育阶段外语课教学中的运用 114
8.4 实证研究 …………………………………… 116
8.5 实验整体构思 ……………………………… 119
8.6 实验过程 …………………………………… 121
8.7 结果与讨论 ………………………………… 129
8.8 结论与启示 ………………………………… 138

附　录 ………………………………………… 143

参考文献 ……………………………………… 186

PART ONE

记忆提取与音位重复对二语语块习得影响的实证研究

1.1 研究背景

近年来，不少学者开始关注认知机制在教学应用中的价值。其中之一就是记忆提取练习促进学习内容的长时保持的效应。研究者将学习过程中一次或多次记忆提取导致最后测试成绩提高的现象称为记忆提取效应（retrieval practice effect），也称测试效应（testing effect）（Roediger & Karpicke, 2006; Carpenter, 2009; Psy & Rawson, 2010; Karpicke & Blunt, 2011）。关于记忆提取效应在二语词汇习得过程中的效用，研究者（Royer, 1973; McNaman & Heady, 1995; Barcroft, 2007; 马琳等, 2009）已经进行了有益的尝试研究，并取得了一些富有启发意义的发现。在 Royer 的试验中，母语为土耳其语的英语学习者分别以不同的学习方式来识记英语生词。实验结果显示有记忆提取任务（a self-testing technique）的学习方式比没有记忆提取任务的学习方式（重复学习）对生词的识记效果更好。为了进一步证实记忆提取效应在二语词汇习得中的作用，Barcroft（1973）让受试以两种方式来学习西班牙语生词，并且每个生词都配以相应的图片。一组受试先以控制条件（重复学习）的方式学习前 12 个生词，然后以记忆提取的方式学习后 12 个生词；另一组受试先以记忆提取的方式学习前 12 个生词，然后以控制条件（重复学习）的方式学习后 12 个生词。测试结果发现，有记忆提取任务的成绩好于控制条件下的成绩，而且随着时间的推移，仍然能够促进所学内容的长时保存，从而证明了记忆提取效应也适用于二语词汇的习得。但是，这些研究大都是选择单词为目标词，没有有关语块的习得和记忆的研究。另外，已有的研究往往是单一变量的研究设计，而语块的习得是多因素共同作用的结果，因此应在多因素条件下进行考察。

在二语习得研究中，对语块的选择标准、语块的学习方式和可学性等存在争议，有关语块习得的研究也不多。有学者认为引起学习者注意语言输入中的语块并将其放到短时记忆中去的做法远远不够，需要采取更为有效的措施来帮助学习者记住语块，并将纳入的语块作为二语知识储存到长时记忆中。Boers & Lindstromberg(2005)以及 Lindstromberg & Boers(2008)发现了音位重复促进记忆的实验证据，具有音位重复(phonemic repetition，如头韵或押韵等)的二语语块比没有音位重复的二语语块更能取得好的记忆效果。但是，这些研究仍然是单因素的研究设计，而且在实验过程中对音位重复的语块和没有音位重复的语块进行了显性处理。那么在真实语言输入中或在没有形式聚焦的任务条件下，音位重复的理据是否仍然对语块的记忆效果起作用；如果仍具有记忆优势，其对语块知识的记忆保持又具有什么作用。这些问题都有待深入研究。

为此，本研究拟在记忆提取效应的基础上，采用双因素实验设计，将记忆提取练习和音位重复两个因素结合起来，考察这两个因素是如何影响二语学习者对语块知识的习得和记忆，以期在理论上对记忆提取促进学习的机制有进一步的认识，并在实践上为语块教学和外语练习的设计等提供一些启示。

1.2 研究设计

1.2.1 研究问题

本研究以中国大学英语学习者为研究对象，探讨记忆提取和音位重复对语块知识习得和记忆的影响。具体回答下面三个问题：

（1）有无记忆提取对语块形式和意义的有意习得是否有不同的影响？

（2）有无音位重复是否导致语块形式和意义的有意习得效果的不同？

（3）记忆提取和音位重复是否对语块知识的有意习得效果有交互作用？

1.2.2 研究对象

研究对象为广东某学院 2013 级非英语专业两个自然班(受试时为大学

一年级第一学期）的学生，各 39 名。两个班的英语高考成绩平均分（标准差）分别为 106.67（1.66）和 107.03（1.20），独立样本 T 检验表明，两个小组的英语水平没有统计学上的显著意义（t =-1.10，p=0.29>0.05）。去除残缺样本，实际有效样本人数为 72 人。

1.2.3 研究材料

本实验的目标语块有 24 个。选择的标准为：第一，被选语块必须是受试在实验前没有接触过的；第二，构成语块的单词为受试所熟悉。实验前我们将目标语块和 24 个干扰语块混合在一起，请同年级水平的一个自然班 28 名学生写出这些语块的中文意思，翻译正确一个得一分。统计结果表明，除了干扰语块得分外，目标语块几乎没有得分。由此，可以认定目标语块是符合选择标准的。

实验语块包含音位重复语块 12 个和无音位重复语块 12 个，其中各有二词语块 5 个，三词语块 4 个，四词语块 3 个。为了增加实验的可信度，减少首因效应和近现率效应，在实验语块表的前后部分均额外增加 2 个语块，这样呈现给受试的语块总计为 28 个。所增加的 4 个非目标语块不做成绩要求。

1.2.4 研究方法

根据上述问题，本研究采用 2×2 被试间双因素实验设计，一个自变量为记忆提取任务，分别为有记忆提取任务和简单重复学习（没有记忆提取任务）两种认知加工水平。另一个自变量为语块形式方面的音位特征，一类为含有音位重复的语块，主要形式是那些押韵的语块，如 ride high,（the）best bet 等；另一类为不含有明显的音位重复特征的语块，主要是那些不含押韵、头韵、谐音等的语块，如 go spare, cut and dried 等。为了考查学习者在有无记忆提取任务和有无音位重复的条件下的习得效果，所有语块还依据有无音位重复和词数进行匹配,并按单复数的形式排列,这样语块表中就有单数序列的 12 个无音位重复语块和复数序列的 12 个音位重复语块。然后随机让一个小组以有记忆提取任务的形式学习记忆所有的语块,另一个小组以无记忆提取任务(简单重复)的学习方式学习。全部被试和任务的安排见表 1-1。

表 1-1 双因素被试间实验设计安排

水平		因素 2:有无音位重复	
		有音位重复(12 个)	无音位重复(12 个)
因素 1:有无记忆提取	有记忆提取任务	36 人	36 人
	无记忆提取任务	36 人	36 人

在记忆词汇的过程中,学习者不仅要注意到某个形式,而且也要依据该词汇的"形式"去了解其意义。因此,本研究的因变量(语块习得)有两个方面的维度:一是对目标语块形式习得和记忆的效果,其测量指标为即时和延时自由回忆的成绩;二是对目标语块意义的习得和记忆的效果,其测量指标为即时和延时的英译汉成绩。

1.2.5 实验步骤

本实验分三步进行:

1. 熟悉阶段

学习前,经过实验说明和示例,让受试熟悉不同学习方式的做法。

2. 学习阶段

有记忆提取任务组:①先学习 28 个新语块(24 个目标语块和 4 个非目标语块),语块以幻灯片的形式呈现,每一张幻灯片包括语块的形式和中文意思,时间为 6 秒;②按照顺序仅呈现语块的中文意义,要求受试依据中文意义回忆英文语块,每张幻灯片时间为 6 秒;③随后继续按照顺序呈现完整的英文语块和中文意义,要求受试尽量掌握这些语块,每张幻灯片时间为 6 秒。每个语块的时间共计 18 秒。

无记忆提取任务组：按有记忆提取任务组的第一步做法，重复学习三遍。每个语块的时间也是 18 秒。

3. 学习后测试

任务完成后，立即进行测试，包括即时自由回忆和即时汉译英测试，测试时间均为 10 分钟。

为进一步考察记忆提取任务和音位重复对语块习得的保持的延时效果，一周后进行了延时自由回忆和汉译英测试，测试内容和完成时间与前测一致。事先没有告诉受试有这次的测试，以确保受试保持的效果是原来实验过程中习得的效果，而不是间隔期间的额外学习所致。

1.2.6 评分标准

所有测试的计分标准参照了 Barcroft（2007）所使用的词汇生成计分办法（lexical production scoring protocol-written），并作了修改。无论是自由回忆出来的英语语块还是英译汉测试中的中文意思，写对一个均得 1 分；没写或者全错得 0 分；仅写对其中一个单词，按其所占语块总词数的比例分别计分，二词语块为 0.5 分，三词语块为 0.33 分，四词语块为 0.25 分。如有多个单词正确，则在一个单词的基础上进行累加。

1.3 结果与分析

方差齐性检验结果表明，即时和延时自由回忆测试成绩的 Levene 统计量分别为 2.120 和 0.413，p 值为 0.100 和 0.744；即时和延时英译汉测试成绩的 Levene 统计量分别为 2.607 和 1.128，p 值为 0.054 和 0.340。因此，概率值均高于显著性水平（$\alpha = 0.05$），表明各组方差齐性，符合方差分析的要求。下面我们将分别从语块形式的即时效应、语块形式的延时效应、语块意义的即时效应和意义的延时效应 4 个方面分析有无记忆提取任务和有无音位重复对语块的形式和意义的习得的效应。

1.3.1 即时的语块形式习得效应

在即时测试中，有无记忆提取任务和音位重复两个变量所构成的 4 种处理方式条件下，以自由回忆成绩为指标的即时语块形式掌握的平均分和标准差（见表 1-2）。从表 1-2 可知，在有记忆提取任务的条件下的语块形式掌握成绩（M=6.1706，5.4617）高于没有记忆提取任务时的成绩（M=5.2697，4.5089）。无论是否有记忆提取任务，音位重复的语块产生的成绩（M=6.1706，5.2697）高于没有音位重复的语块产生的成绩（M=5.4617，4.5089）。多变量方差分析的结果显示，记忆提取主效应不显著（$F_{(3,140)}$=3.724，p=0.056），音位重复主效应不显著（$F_{(3,140)}$=2.341，p=0.128），两变量间的交互作用也不显著（$F_{(3,140)}$=0.003，p=0.957）。

表 1-2　即时和延时自由回忆测试成绩

组别	即时测试		延时测试	
	平均分	标准差	平均分	标准差
音位重复提取组	6.1706	2.25936	2.3869	1.27441
无音位重复提取组	5.4617	2.76198	2.1308	1.26782
音位重复无提取组	5.2697	3.05357	1.6611	1.13399
无音位重复无提取组	4.5089	3.34060	1.2092	1.09713

1.3.2 延时的语块形式习得效应

目标语块延时一周后的形式掌握的平均分和标准差仍见表 1-2。虽然延时后的成绩明显低于即时测试成绩，但是仍有一定的保持量，并仍体现出即时测试时的趋势，也就是音位重复组的成绩（M=2.3869，1.6611）高于相应的无音位重复组的成绩（M=2.1308，1.2092），有提取任务组的成绩（M=2.3869，2.1308）高于相应的无记忆提取任务组的成绩（M=1.6611，

1.2092）。该组数据方差分析表明，记忆提取的主效应显著（$F_{(3, 140)}$=17.080，p=0.000）。这表明有无记忆提取任务对语块形式的长时保持有显著差别。音位重复的主效应不显著（$F_{(3, 140)}$=3.155，p=0.078），则表明音位理据对语块形式的长时保持的优势没有发挥作用。另外，记忆提取和音位重复的交互作用不显著（$F_{(3, 140)}$=0.241，p=0.624）。

1.3.3 即时的语块意义习得效应

不同处理方式组对即时语块英译汉测试成绩如表 1-3 所示。在有记忆提取任务的条件下的即时语块意义的掌握成绩（M=6.6250，5.5556）高于没有记忆提取任务时的成绩（M=5.8833，5.2017），在音位重复的条件下的即时语块意义掌握成效（M=6.6250，5.8833）明显好于没有音位重复组的成效（M=5.5556，5.2017）。把音位重复和记忆提取任务作为自变量，不同组别英译汉测试成绩作为因变量，进行单变量多因素方差分析。结果显示，记忆提取主效应不显著（$F_{(3, 140)}$=1.419，p=0.236）；音位重复主效应不显著（$F_{(3, 140)}$=3.626，p=0.059）；记忆提取和音位重复之间的交互作用不显著（$F_{(3, 140)}$=0.178，p=0.674）。

表 1-3 即时和延时英译汉测试成绩

组别	即时测试		延时测试	
	平均分	标准差	平均分	标准差
音位重复提取组	6.6250	2.45058	4.8222	2.51250
无音位重复提取组	5.5556	2.57398	3.1528	2.45770
音位重复无提取组	5.8833	2.62793	3.6639	1.73455
无音位重复无提取组	5.2017	3.30321	2.7778	2.01581

1.3.4 延时的语块意义习得效应

各组在延时一周后对语块意义的保持成绩的平均分和标准差仍见表

1-3。从表中数据可知，不管有无音位理据的条件下，延时意义在记忆提取任务条件下的成绩（M=4.8222，3.1528）均高于没有记忆提取任务时的成绩（M=3.6639，2.7778）；而不管有无记忆提取任务的条件下，音位重复组对延时意义的保持的影响（M=4.8222，3.6639）均高于没有音位重复组的影响（M=3.1528，2.7778）。对有无记忆提取任务和有无音位重复主效应分析结果表明，有无记忆提取任务的主效应显著（$F_{(3, 140)}$=4.357，p=0.039），有无音位重复主效应显著（$F_{(3, 140)}$=12.103，p=0.001），交互作用不显著（$F_{(3, 140)}$=1.137，p=0.288）。

1.4 讨论

1.4.1 记忆提取的作用

本研究首先综合考察了记忆提取对语块形式的即时效应和意义的即时效应，从1.3.1和1.3.3的结果可知，在有记忆提取任务的条件下即时的语块形式和意义的成绩均好于没有记忆提取任务的成绩。这分别跟Royer（1973）和马琳等（2009）的实验结果保持一致。Royer（1973）通过对比记忆提取和简单的重复学习两种学习方式，发现记忆提取有助于英语单词的短时识记效果；在马琳等（2009）的实验中，比较了两种不同程度的提取方式对目标英语单词的生成效应，即时测试的结果证明了学习阶段的提取方式越复杂、越困难，单词的学习、记忆越深刻。然而，有无记忆提取任务主效应分析结果却表明有无记忆提取任务的主效应不显著，即记忆提取对形式和意义的短时记忆并没有显著性差异。我们认为，尽管如Royer的结论一样，记忆提取任务可以给学习者在记忆中搜索正确反应的机会，即使搜索失败，也会促使学习者在随后的学习中予以更多的注意，但是这种即时效应并不稳定。

从1.3.2和1.3.4的结果可知，在延时情况下记忆提取对语块形式和意义习得主效应显著，即有记忆提取任务可以显著促进对目标语块的延时形式和意义的保持。这可以从Laufer和Hulstijn（2001）提出的"投入量假设"得到解释。该假设认为，词汇的习得与任务引发的投入量有关，不同的任务使学习者进行不同程度的认知加工，从而产生不同的习得效果。简单重复学习只需对语块表进行识记，不需在大脑里进行搜索的加工和产出的加工，因而对语块识记的投入量低，加工水平浅。与此相反，记忆提取任务需要更大的投入，涉及更深入的加工，因此必然对语块形式和意义的长时保持产生更好的效应。这与大量实验的结果是一致的（参阅Roediger & Karpicke，2006），不仅验证了记忆提取效应的作用，也进一步扩大了该效应的适用范围。

1.4.2 音位重复的作用

从1.3.1和1.3.2可知，无论是同时有记忆提取任务还是没有记忆提取任务的情况下，音位重复组的即时和延时形式掌握均好于无音位重复组的掌握，这可能是因为音位重复的语块具有感觉和认知上的凸显性以及悦耳的音响效果等语音理据，较容易为学习者所注意，并内化为二语知识。其实，语言学家早已认识到这种效用。如Aitchison（1987）通过分析相似音节头在词汇中的功用，发现那些词首相似、词尾相似或者韵律相似的词语更有可能被紧密联系在一起，并且在这样的短语中，词语具有很强的预测性，一个词语的成功回忆有助于回忆短语的其他部分。但从有无音位重复的主效应分析结果来看，音位重复对语块形式习得的主效应不显著，即音位重复的理据并没有显著地促进语块的即时形式的掌握和延时的形式记忆的保持。词汇习得方面的研究已经证明了这一点，单纯的注意是不能导致吸纳的发生（Boers & Lindstromberg，2009），也就是说，假如没有参与一定心理认知活动（如深加工等）的话，短时记忆中的内容很难达到进入长时记忆的阈限，所以有人就认为注意（noticing）只能在某种程度上或多或少地有助于二语学习而已（Wen，2008）。这就难怪本研究中无论有无记忆提取任务的条件，音位重复对语块形式的短时记忆和长时保持的作用都没有显著差别。

在音位理据对语块意义习得的影响方面，无论是否有无记忆提取任务的条件下，音位重复组即时和延时意义掌握好于无音位重复组的掌握（见表1-3）。这是由于音位重复的理据优势使得学习者在注意其形式的同时，也增加了对意义关注的程度，从而促进了对语块意义的识记效果。但是，从主效应分析结果来看，这种优势反映出一定的差异，在即时情况下，音位重复对语块意义的掌握主效应不显著；在延时情况下，对语块意义的延时记忆的主效应却十分显著，这可以从认知加工理论得到解释。该理论认为在二语加工中学习者首先是因为意义对输入加工，之后才是因为形式加工（VanPatten，2007），并随着时间的推移，形式的表征逐渐让位于意义的表征，因而即时形式的掌握也就随着时间越加消逝，而对即时意义的掌握的影响不大。由此可见，音位重复对语块意义的掌握有促学的优势，并且这种优势或许在开始的时候并没有显著性差异，却有着良好的持久性。

1.4.3 记忆提取与音位重复的交互作用

从方差分析的结果来看，无论对即时和延时的语块形式掌握和保持，还是对即时和延时语块意义的掌握和保持，记忆提取和音位重复的交互作用都不明显。这可能是因为记忆提取更多地是与意义加工相关，而音位重复是形式方面的理据，这两者之间在一定程度上是相互独立的。根据Craik和Lockhart（1972）的加工水平理论，形式和语义的获得来自不同的加工水平，因而记忆提取和音位重复有各自不同的相互独立的作用。本研究的发现也对加工水平理论提供了支撑。

1.5 结论

本研究发现：①记忆提取对二语语块形式和意义的短时记忆没有显著影响，但对形式和意义具有更好的长时记忆保持效果；②音位重复对二语语块形式的短时记忆和长时保存的作用没有显著影响，对语块意义的短时记忆的影响也不显著，但是对语块意义的长时保存的影响却十分显著；③记忆提取和音位重复没有显著的交互作用。

上述结论进一步验证了记忆提取练习效应的作用，即记忆提取在促进学习内容的长时保持方面占有优势，而且这种优势相当稳定。具体表现为在多因素条件下，与以往的二语生词、记忆的试验一样，进行记忆提取比简单重复学习更能促进对二语语块的长时保持；同样，在多因素条件下，即使在没有形式聚焦的任务条件下，音位重复等语音理据仍具有促学作用。很显然，本研究的结果对语块教学有一定的启示作用：①教师首先应该转变对测试的传统看法，重视记忆提取练习效应的应用价值；②在具体课堂教学实践中，教师应该结合教学内容，多创设一些提供记忆提取的练习，尽量减免简单重复学习的做法，确实发挥记忆提取的促学功能；③除了利用语块本身形式方面的理据优势（如音位重复、语义韵等）外，教师还可以采取显性处理的形式来唤醒学习者二语语块（形式）的意识，并提高学习效率；④进行教材的设计与各类学习资源的开发时要充分利用记忆提取练习效应研究的发现，比如开发一套基于记忆提取效应和形式理据优势的多媒体学习软件。

毋庸置疑的是，本研究仅对记忆提取和音位重复在二语语块习得中的作用进行了尝试性研究。在实验设计方面仍存在一定的局限性，如对作为记忆变量的语块长度、音节数量的控制不够和实验时间过短等，这些都需进一步研究才能得出更加令人信服的结论。

PART TWO

输入与输出频次对二语语块产出性知识习得的影响研究

二语习得研究表明，语块知识对二语学习者非常有益（Boers & Lindstromberg, 2012）。Pawley & Syder（1983）认为，二语学习者掌握大量语块可以解决语言习得的地道性和流利性问题。以往研究却发现，语块比单个的词汇更难习得（Boers & Lindstromberg, 2009）。在很多情况下，学习者根本就不会注意到语块（参阅 Bishop, 2004），这使得语块成为最难弥合二语学习者与本族语者差距的领域（如 Kuiper, Columbus & Schmitt, 2009）。然而，到目前为止，有关语块教学以及探讨各种教学技巧在语块习得过程中的有效性研究仍十分罕见（Alali & Schmit, 2012）。另外，国内外有关频次与语块习得之间关系的研究相当缺乏（参阅周丹丹，2014）。为此，本研究拟重点考察不同输入频次和输出频次对二语语块产出性知识习得的影响。

2.1 相关文献回顾

无论是母语还是第二语言使用中都存在着大量程式化语言（formulaic sequences）。这些预制的、整存整取的且不经由语法生成和分析的语块在本族语者和二语学习者的语言使用、加工和习得中起着关键作用（Biber, Hojansson, Leech, Conrad, & Finegan, 1999; Schmitt, 2010）。从心理语言学角度而言，语块就是一种具有心理现实性的构念，而不是通过语言的语法生成或分析的。在本研究中，语块的操作定义为"多元词语块（polywords）"，即由几个词构成，形式固定而充当一个词组来使用的短语，如 "for the most part, by the way, by and large" 等（Nattinger & DeCarrico, 1992）。

近年来，随着基于使用的语言习得观的兴起，频次这一概念得到重视（周丹丹，2014）。基于使用的语言习得观（如 Tomasello, 2003）认为，语言知识源于语言使用体验，语言在交际使用的过程中习得，语言知识的习得与语言接触量的多寡有关。Ellis（2002）从不同角度论证频次效应，认为频次是语言学习的关键,语言学习在很大程度上是一种范例学习。

多年来,人们一直注重频次在词汇习得过程中的作用,实证研究发现重复接触对单词附带习得有积极的影响(Chen & Truscott, 2010; Web, 2007; Rott, 1999)。最近几年,随着二语习得领域语块研究热潮的出现,不少学者开始将注意力从单词转向语块,关注频次对语块习得的影响,发现频次在语块习得中起着积极作用(Coxhead, 2015)。比如,Durrant & Schmitt(2010)把 84 名母语背景不同的成人二语学习者分成三组:单一组(single exposure)、重复组(verbatim repetition)和变化重复组(varied repetition),重点考察重复频次对形名搭配习得的影响,结果发现频次对搭配习得的影响显著。Webb, Newton & Chang(2013)考察了频次分别为 1、5、10、15 次的重复对目标语块习得的影响,结果同样发现通过阅读重复接触对语块附带习得有积极的效果。

周丹丹(2014)以及周丹丹和徐燕(2014)也进行了有益的尝试。这些研究均以高中学生为受试,实验过程中受试经历 6 次频次输入,且每接受 2 次输入后接受语块知识测试,一共 3 次语块知识测试。主要发现有:①随着频次的增加,语块知识也一直处于进步状态,这表明多次重复对于语块习得有持续的促进作用;②频次效应具有复杂性,如频次的语境有无变化对语块习得作用以及频次对不同层面知识的影响都存在差异。

从上面的文献可以发现以往相关研究主要存在以下一些不足之处。首先,国内外有关频次与语块习得之间关系的研究相当缺乏,结果仍有商榷之处。比如说,周丹丹的研究让受试每接受 2 次输入后接受语块知识测试,所取得的结果有可能归因于测试效应而不是频次效应。其次,频次对语块习得影响的研究仅涉及输入频次,对输出频次的影响以及两种不同类型的频次效应之间的差异均未深入研究。鉴于此,完全有必要从输入和输出两个方面来综合考察不同频次对语块产出性知识习得的影响。

2.2 研究方法

2.2.1 研究问题

输入频次和输出频次在语言学习中分别起着不同的作用（Larsen-Freeman，2002），但在语块产出性知识习得中的作用是否仍然存在差异却有待进一步研究。另外，学习者学习第二语言时，特别是在外语环境中，上课时间有限，学生很少有大量、反复接触目标语言项目（如词汇、语块）的机会。假如增加一定的显性教学，是否可以比单纯语言接触取得更好的效果也尚需检验。基于这两个方面的考虑，本研究具体探讨如下问题：

（1）不同输入频次对英语语块产出性知识的即时测试是否有频次效应？如果有，一周后是否存在延时效应？

（2）不同输出频次对英语语块产出性知识一周后的测试是否有频次效应？如果有，这种效应两周后是否存在延时效应？

（3）不同输入与输出频次对英语语块产出性知识习得的影响之间是否存在差异？如果有，具体表现在哪些方面？

2.2.2 研究对象

本研究的受试为广州市某大学非英语专业一年级的两个平行教学班，一共72名学生。他们的英语学习背景相同，均有10年左右的正规英语学习史，平均年龄为18.3岁。两个班的男女生人数相当，分别是三分之二为女生，三分之一为男生。两个班的英语高考成绩平均分（标准差）分别为103.12（2.65）和102.67（2.47），配对样本t检验表明，两个班的英语水平没有显著差异（T=4.629，Sig.=0.314>.05）。

2.2.3 研究设计

1. 研究材料与工具

本研究的材料与工具主要包括目标语块的选择、输入和输出材料的设计以及语块产出性知识的测试。实验期间受试所在班级仅修学郑树棠总主编的《新视野大学英语读写教程》第 1 册和第 2 册，下个学期才开始修学第 3 册和第 4 册。为了有助于学生今后的学习，目标语块选自《新视野大学英语读写教程》第 3 册和第 4 册。后经研究对象老师的确认，从中选出 24 个语块，其中 12 个为目标语块，另外 12 个为附加语块。随后，通过美国当代英语语料库（COCA）查询每一目标语块的频率，并按照高、中、低频语块匹配的原则将这些语块分成三组。其中，高频组（5 频次）语块 in that[①]、pop up、out of character 和 boil down to 的频数分别为每百万 1408、271、81 和 54，平均频率为每百万 453；中频组（3 频次）语块 on the side、embark on、deviate from 和 plow through 的频数分别为每百万 1340、172、66 和 31，平均频率为每百万 402；低频组（1 频次）语块 for good、refrain from、dispense with 和 ascribe to 的频数分别为每百万 1340、257、64 和 30，平均频率为每百万 423。

输入材料包括：每个 1 频次、3 频次和 5 频次的语块分别有 1、3 和 5 个句子，共计有 36 个句子；另外，每个附加语块有 2 个句子，共计增加了 24 个句子。据此，输入材料中合计有 60 个句子。输出材料则是将所有输入材料中的句子挖空，要求学生依据句子意思填入合适的语块。输入和输出材料中的句子都不同，这是因为已有研究证明语境变化的频次对语块习得的帮助更大，即类符频次比形符频次更有助于语块习得（周丹丹，2014）。

对语块知识习得的测试主要是对语块产出性知识掌握的测试，要求受

---

① 美国当代英语语料库（Corpus of Contemporary American English, COCA）查询结果显示 in that 的频数为每百万 14077，然而通过观察，结果发现只有 10% 左右的 in that 才符合目标语块的要求，90%都是"in that + noun"结构。据此，按照总频数的 10%来计算本研究目标语块 in that 的频数。

试根据所提供的中文意思和首字母完成语块。如：

  中文释义　　　　　（依据首字母写出语块）

  艰难费力地通过　　p_____

  该题正确答案　　　plough through

测试内容包括 12 个目标语块和 12 个附加语块。但是，计分时仅统计目标语块的成绩，附加语块习得情况不予考虑。

2. 实施步骤

（1）受试首先进行语块学习。主要做法：每一位受试将拿到一张语块表，然后读记表中所列语块。语块表中有 12 个目标语块和 12 个附加语块，每个语块后面带有中文释义。如有不认识的语块或单词，受试可以寻求实施教师的帮助。时间限定在受试初步建立语块形式—语义联系，大约 2~3 分钟后回收语块表。

（2）语块学习以后，受试马上进行输入或输出训练。本研究随机把一个班作为输入组，另一个班为输出组。训练时，输入组的受试需要阅读 60 个句子。所有句子均以幻灯片的形式呈现，每一张幻灯片呈现一个句子。输出组与输入组的做法一样，只是受试需要根据所呈现的句子的意思填上合适的语块。受试只能阅读或完成每一张幻灯片中的句子一次。

（3）学习后测试。

输入组：任务完成后，立刻实施即时测试，时间约为 5 分钟。为进一步考察不同输入频次对语块习得保持的延时效果，一周后还进行了语块产出性知识的延时测试。

输出组：分别在任务完成一周后和两周后实施对语块产出性知识习得效果的测试。这是因为教育的重要目的之一是要使学生能够具备永久性的知识基础；学习之后马上进行测试的情况比较罕见，通常都是学过一段时间之后进行测试。另外，与输入组一样，除了题目顺序不同之外，两次测试的测试内容和完成时间保持一致，事先也没有告诉受试有这两次测试，以确保受试保持的效果是原来实验过程中习得的效果，而不是间隔期间的额外学习所致。

（4）数据分析

本研究对语块产出性知识测试采用的评分方法：1个语块1分，且不同频次组的语块分别计分。这样得出高频组（5频次）、中频组（3频次）和低频组（1频次）的最高得分为4分；最后累计总分，最高得分为12分。

所有数据录入软件SPSS进行统计分析，设定显著性水平α=.05。方差分析效应值η^2的标准依次是：$\eta^2>.0099$为小，$\eta^2>.0588$为中，$\eta^2>.139$为大（Cohen，1992）。

2.3 研究结果与讨论

由于本研究旨在考察不同输入和输出频次对语块产出性知识习得的影响，故我们将分别从不同输入频次类型对语块产出的影响、不同输出频次类型对延时语块产出的影响以及不同输入与输出频次对语块产出的影响之间的差异三个方面进行分析和讨论。

2.3.1 不同输入频次类型对语块产出的影响

表2-1显示了不同输入频次对目标语块产出性知识习得的描述性统计结果。随着输入频次的增加，语块产出性知识的即时记忆成绩也在增加[$M_{1频次}$（2.09）<$M_{3频次}$（2.73）<$M_{5频次}$（3.42）]，这表明受试对语块产出性知识的习得呈现出不断进步的趋势。重复测量方差分析F效应检验结果显示，不同输入频次之间有显著的差异（F=27.64；Sig.<.05；η^2=.463）。从效应值也可知，实验结果具有明显的实际显著性（46.3%）。从事后检验（post hoc tests）获知，不同输入频次之间的差异都具有统计显著性。

随着输入频次的增加，一周后延时保持的成绩与即时记忆的成绩保持一样的趋势[$M_{1频次}$（1.18）<$M_{3频次}$（1.27）<$M_{5频次}$（2.33）]。重复测量方差分析F效应检验结果显示不同输入频次之间有显著的差异（F=32.94；

Sig.<.05；η^2=.507）。效应值表明实验结果具有明显的实际显著性，输入频次可以解释语块产出性知识延时保持变化的 50.7%。从事后检验获知，除了频次 1 次与 3 次之间没有显著性差异（Sig.=.475＞0.05）外，频次 1 次与 5 次和 3 次与 5 次之间有显著性差异。

表 2-1 不同输入频次类型对语块产出的影响

测试	频次	人数	最小值	最大值	均值	标准差	F	Sig.
即时测试	1	33	.00	4.00	2.09	.98	27.64	.000
	3	33	.00	4.00	2.73	1.10		
	5	33	.00	4.00	3.42	.87		
一周后	1	33	.00	4.00	1.18	.95	32.94	.000
	3	33	.00	4.00	1.27	1.13		
	5	33	.00	4.00	2.33	1.24		

从上面的分析可知，输入频次对语块产出性知识的即时记忆测试产生频次效应，而且这种效应在一周后的延时保持测试中仍然有积极的影响。这不仅与 Webb, Newton & Chang（2013）、Durrant & Schmitt（2010）和 Webb & Kagimoto（2011）所取得的关于频次对语块习得影响的研究结果一致，而且与以往频次对词汇习得影响的研究结果也是一致的。如 Rott（1999）探讨了不同输入频次对词项习得的影响，研究中的接触次数分别为 2 次、4 次和 6 次，结果表明 2 次接触就足以影响词汇发展，6 次接触会使知识出现最大幅度增长。

本研究中，输入频次对语块习得效果明显好于以往的相关研究。5 次接触的习得量接近 85%，3 次接触的习得量为 68%，1 次接触的习得量也超过 50%。然而，在 Webb, Newton & Chang（2013）的研究中，即使接触 10 次，受试在产出性知识测试中只有 30% 的成功率；接触 15 次，也只有 50% 的成功率；接触 1 次，实验组的受试与没有阅读的控制组之间没有差异。这或许与本研究的受试在输入训练之前事先进行了语块学习有密切关系。这一结果证实了预先教学目标项目有助于学习者在交际中注意到目标项目并有可能促进习得（参阅 VanPatten，1990）。

2.3.2 不同输出频次类型对延时语块产出的影响

表 2-2 显示了不同输出频次对目标语块产出性知识习得的描述性统计结果。与输入频次的效果一样，随着输出频次的增加，语块产出性知识一周后的延时测试成绩也在上升[$M_{1频次}$（1.72）<$M_{3频次}$（1.82）<$M_{5频次}$（2.54）]。重复测量方差分析 F 效应检验表明不同输出频次之间存在着显著的差异（F=10.63；Sig.<.0001；η^2=.219）。这反映了不同输出频次对语块产出性知识延时测试的成绩产生了不同的影响。从效应大小来看，输出频次可以解释语块产出性知识一周后延时习得变化的 21.9%。从事后检验（post hoc tests）获知，1 次与 3 次之间没有差异（Sig.=.593＞0.05）。频次 1 次与 5 次以及频次 3 次与 5 次之间差异显著。

两周后，随着输出频次的增加，与一周前的效应保持一样上升的趋势（$M_{1频次}$（2.08）<$M_{3频次}$（2.15）<$M_{5频次}$（2.95））。重复测量方差分析 F 效应检验表明不同输出频次之间差异显著（F=14.85；Sig.<.05；η^2=.281）。从效应值来看，输出频次可以解释两周后延时保持变化的 28.1%。事后检验表明，频次 1 次与 3 次之间没有差异（Sig.=.680＞0.05），频次 1 次与 5 次和 3 次与 5 次之间差异显著。

表 2-2　不同输出频次类型对延时语块产出的影响

测试	频次	人数	最小值	最大值	均值	标准差	F	Sig.
一周后	1	39	.00	4.00	1.72	1.41	10.63	.000
	3	39	2.00	4.00	1.82	1.47		
	5	39	3.00	4.00	2.54	1.50		
两周后	1	39	.00	4.00	2.08	1.44	14.85	.000
	3	39	.00	4.00	2.15	1.51		
	5	39	1.00	4.00	2.95	1.07		

上述分析表明，多次重复输出对语块习得有持续的促进作用。即使是在学习和输出训练一周后，频次对语块产出性知识习得仍有积极的影响，而且这种影响在两周后仍然存在。这可以从 Swain（1985）提出的"可理解输出假说"获得解释：①在生成输出时，受试自然会提高对目标语块的注意；②在输出练习中，受试必须依据句子所提供的语境做出选择，这是一个自我对目标语块进行假设检验的过程；③完成句子时，受试还会依据所提供反馈的答案来反思自己的输出。本研究这方面的发现显然支持了输出假说的注意（noticing）、假设测试（hypothesis testing）和反思（reflection）三大功能。

Hulstijn & Laufer（2001）和 Laufer & Hulstijn（2001）把对词汇学习的记忆保持与加工深度（depth of processing）的概念（Craik & Lockhart, 1972）联系起来，以简单的形式做出预测，记忆保持源于对某事的加工是深还是浅。本研究的输出训练要求受试根据所呈现的句子的意思填上合适的语块，这必然涉及"需要"（need）、"搜索"（search）和"评估"（evaluation）三个变量。据此可知，本研究的产出语块属于投入量大的任务。投入量越大，语块习得的效果就越好。这就难怪输出频次一周后和两周后的语块产出性知识习得都有较好的保持效果。

2.3.3 不同输入与输出频次对语块产出的影响之间的差异

1. 输入频次对一周后的延时保持与即时记忆的对比

输入频次对语块产出性知识的即时记忆测试有频次效应，而且这种效应在一周后的延时保持测试中仍然有积极影响。为了进一步了解输入频次对语块产出性知识延时保持的持久性程度，我们对不同输入频次对语块产出性知识一周后的延时保持与即时记忆进行配对样本 t 检验（paired-sample t test）并计算出遗忘率，结果详见表 2-3。

表 2-3　输入频次对一周后的延时保持与即时记忆的对比统计表

	1 次	3 次	5 次	总分
一周后	1.18（095）	1.27（1.13）	2.33（1.24）	4.79（2.94）
即时	2.09（.98）	2.73（1.10）	3.42（.87）	8.24（2.36）
平均差异（遗忘率）	−.91（43.5%）	−1.46（53.5%）	−1.09（31.9%）	−3.45（41.9%）
Sig.	.000	.000	.000	.000

从表 2-3 数据可知，不同输入频次对语块产出性知识一周后的延时保持与即时记忆之间有显著性差异，平均差异为 1 频次 −0.91，3 频次 −1.46，5 频次 −1.09，总的差异达到 −3.45，不同输入频次的遗忘率分别为 1 频次 43.5%，3 频次 53.5%，5 频次 31.9%，总的遗忘率 41.9%。这表明输入频次对语块产出性知识一周后的延时保持比即时记忆效果差，遗忘率很高。

输入频次能够给学习者提供学习目标语项的机会，使学习者逐步意识到语言形式和功能的匹配，并随着输入频次的增加，形式和功能之间的联系不断被强化。但是，对输入的理解只是在语义层面上，学习者不一定需要具有输入中含有的语言形式才能理解内容。因此，有人认为单纯的可理解输入不能让学习者注意到内含的语言形式（Swain，1985）。也有人认为，信息要进入长时记忆，仅凭语义编码不够，必须进行精加工（elaboration processing）（Craik & Tulving，1975）。White（1998）的研究结果显示，强化输入对目标语言形式习得的长期效果有限，因为大部分实验组的受试根本就没有注意到强化部分的目标语言形式。她由此推论说，单纯的强化输入不能达到让学习者注意到目标语言形式的目的，显性教学应该更有效果。本研究完全证实了她的推论。一方面，本研究中先让受试学习语块表，然后再频繁地接触这些语块。这种做法大大提高了学习效率，从而充分说明了为什么本研究接触频次对语块习得效果明显好于以往相关研究。另一方面，尽管通过输入反复接触目标语块在一定程度上可以带来快速的短期习得,但却是一个对长期保持无效的策略。这说明了为什么输入组的受试一周后的遗忘率如此之高。

2. 输出频次对两周后与一周后的延时保持的对比

从 2.3.2 可知,不同输出频次对语块产出性知识一周后的测试有频次效应,而且这种效应两周后仍然存在。为了进一步了解输出频次对语块产出性知识的延时保持的持久性程度,我们把输出组两周后与一周后的不同输出频次语块产出性知识习得成绩进行配对样本 t 检验(paired-sample t test),结果详见表 2-4。

表 2-4 输出频次对两周后与一周后的延时保持的对比统计表

	1 次	3 次	5 次	总分
两周后	2.08(1.44)	2.15(1.51)	2.95(1.07)	7.19(3.59)
一周后	1.72(1.41)	1.82(1.47)	2.54(1.50)	6.08(3.85)
平均差异	.36	.33	.41	1.10
Sig.	.133	.204	.010	.040

根据表 2-4 数据可知,两周后的测试成绩反而比一周后的测试成绩更高,也就是说输出频次对语块产出性知识两周后的延时保持比一周后的延时保持有更好的表现。具体表现为 1 频次增加了 0.36,3 频次增加了 0.33,5 频次增加了 0.41,总分也增加了 1.10。尽管 1 频次之间(Sig.=.133>.05)与 3 频次之间(Sig.=.204>.05)没有显著性差异,但是 5 频次之间(Sig.=.010<.05)与总分之间(Sig.=.040<.05)的差异有显著性意义。

与输入频次不同的是,输出频次能够在很大程度上帮助学习者巩固所学知识,加速陈述性知识向程序性知识转换,提高他们对自身语言问题的敏感度。Izumi(2002)比较了两种教学方式与学生对目标形式的注意、使用和习得的相关性,结果发现强化输出可以让学习者注意到语言形式,在输出过程中对语言形式有更深刻的大脑加工,有助于语言形式知识的习得。相比而言,输入无论强化与否,产生的习得效果都低于强化输出。她的研究与本研究一样证明了Swain的"可理解输出假设"的正确性。除了前面提到的"投入量假设"以外,这还可以从心理学的"提取练习效应"(retrieval practice effect)来解释。所谓"提取练习效应"就是指在学习过程中一次或多次记忆提取导致最后测试成绩显著提高的现象。许多研究发现,与简单重复学习相比,学习过程中进行一次或几次记忆提取更能显著促进学习内容的长时保持(Karpicker & Roediger, 2007)。本研究中,学习语块表之后的输出训练在本质上就是记忆提取任务,需要更大的投入,涉及更深入的加工。这就解释了为什么经过输出训练一周后,输出组受试对语块产出性知识延时保持产生积极的效应,而且两周后这种效应具有持久性。本研究与Folse(2006)和周正钟(2014)的研究保持一致,进一步证明了记忆提取练习效应的作用,即记忆提取在促进学习内容的长时保持方面占有优势,而且这种优势相当稳健。

3. 输出频次与输入频次对一周后的延时保持的对比

表2-5统计了一周后输入组与输出组不同频次对语块产出性知识习得作为独立样本的t检验(independent-sample t test)结果。

表2-5 输出频次与输入频次对一周后的延时保持的对比统计表

	1次	3次	5次	总分
输出组	1.72(1.41)	1.82(1.47)	2.54(1.50)	6.08(3.85)
输入组	1.18(.95)	1.27(1.13)	2.33(1.24)	4.79(2.94)
平均差异	.54	.55	.21	1.29
Sig.	.068	.084	.534	.120

从表2-5数据可见,输出频次对语块产出性知识一周后的延时保持比输入频次有更好的表现,不同输出频次与输入频次之间的差异值分别为0.54(1次)、0.55(3次)和0.21(5次),总的差异值为1.29,但都没有达到统计学上的显著水平(Sig.=.068/.084/.534/.120>0.05)。为了确保不同输出频次对语块产出性知识习得一周后的延时保持是频次效应而不是测试效应所带来的结果,本研究中的输出组在输出训练之后并没有进行即时测

试。相反，输入组进行了即时测试。记忆心理学研究发现，测试不仅是评价先前学习效果的手段，还能起到促学作用（Karpicker & Roediger, 2007）。因此，在一定意义上说，输入组比输出组多了一次学习机会。然而，即使在这样的情况下，输出频次对语块产出性知识一周后的延时保持仍有更好的表现。这可能是因为产出性知识的学习通常比接受性知识的学习需要更深层次的加工，从而带来更好的记忆效果（参阅 Min, 2008）。本研究的发现为支持输入频次与输出频次在语言学习中分别起着不同的作用的观点提供了佐证。

2.4 结论

本研究的主要发现如下：

（1）不同输入频次对二语语块的即时产出性知识习得有频次效应，而且一周后存在延时效应。

（2）不同输出频次对二语语块产出性知识一周后的测试有频次效应，而且两周后存在延时效应。

（3）不同输入与输出频次对二语语块产出性知识习得的影响之间存在显著性差异，主要表现为：①输入频次对二语语块产出性知识一周后的延时保持比即时记忆差，遗忘率很高；②输出频次对二语语块产出性知识两周后的延时保持比一周后的延时保持反而有更好的表现；③输出频次对二语语块产出性知识一周后延时保持比输入频次对二语语块产出性知识一周后延时保持有更好的效果。

本研究探讨了输入频次和输出频次对语块产出性知识习得的不同影响，所得出的结论有助于人们更好地认识"频次"在二语习得中的作用，在一定程度上发展了输入假说和输出假说。此外，本研究的结果对教学也具有一定的启示，既要重视语块的教学与习得问题，又要注重不同类型的频次的作用，使频次发挥其应有的积极作用。同时，语言教学也应该强调显性教学与隐性教学相互结合，以取得最佳的教学效果。

PART THREE

附带习得中二语学习者对语块与单词外围注意的对比研究

3.1 研究背景

附带习得是二语学习者拓展词汇的主要途径。词汇附带习得(incidental vocabulary acquisition)指学习者在进行有意义的语言使用活动或学习活动时,其注意力并非在词汇上,却无意中增加了词汇知识,是一种注意力聚焦于其他活动时顺带发生的词汇认知活动。但附带习得并不一定是无意识学习,只是学习者没有进行刻意的习得(王改燕,2010)。因此,词汇附带习得并不排除学习者分配注意力资源。

有关注意在二语词汇附带习得中的作用的实证研究中,有的以"投入量假设"为依据开展了一些阅读过程中不同投入量的任务对词汇习得的影响(如 Laufer & Hulstijn,2001;吴建设等,2007),有的探究强化方式(吴建设等,2010)、输入频次(Rott,1999)、强化时机(刘丹丹,2013)等在二语词汇附带习得中的效用。这些研究结果显示,注意可能是词汇附带习得的先决条件,因为诸如任务投入量与输入强化等本质上很可能与学习者的注意有关。

除了单词外,词汇还包括语块。有研究表明,人们使用的语言中存在着大量语块。基于单词研究的基础上,语块也开始受到研究者的关注。Peters(2012)的研究发现,二语学习者能够更容易记起那些在输入时经过增显处理的语块。周蓉和吕丽珊(2010)也发现,通过对目标短语搭配设置下划线的语篇阅读,可显著促进目标短语搭配即时形式的掌握和延时记忆的保持,但是对搭配意义的即时和延时掌握都没有显著影响。

上述研究虽然在一定程度上揭示了注意对词汇附带习得的影响,但都属于经过输入干预的研究,比如说通过下划线、斜体、黑体或注释等来引起学习者对目标词的注意,促发更为深入的加工。实施干预的原因可能基于一个共识,那就是对于一个新词的注意程度越深,加工程度越精细,就越有可能掌握。然而,对于在没有干预的情况下(如自然阅读过程),到底是什么触发学习者对语言项目(单词、语块)形式的注意却并没有涉及。

在心理学研究的基础上，McLaughlin（1987）提出了两种注意的不同形式：聚焦注意（focal attention）和外围注意（peripheral attention）。前者指学习者对于一个新任务给予直接而主要的关注；后者指学习者次要的边缘注意。这种分法能够用来解释词汇附带习得中注意力资源分配的问题。如果学习者的主要注意聚焦于获取意义的话，那么其他诸如附带习得词汇等必然只能受到次要的外围注意。

为了弥补上述的缺憾，本研究拟基于 McLaughlin 提出的注意和加工模型考察附带习得中二语学习者对语块和单词所给予的外围注意，也就是指学习者在给予阅读直接的和主要的注意之外所给予语块和单词次要的边缘注意，以及附带习得中二语学习者对语块和单词所给予的外围注意两者之间的差异，从而帮助人们更深刻地了解二语词汇附带习得的启动机制。研究的主要内容有：①在阅读过程中，二语学习者对语块和单词的外围注意水平；②阅读水平与语块外围注意水平和单词外围注意水平之间的相关性；③频率对外围注意水平的影响。

3.2 研究设计

3.2.1 研究问题

本研究主要围绕三个方面考察附带习得中二语学习者对阅读任务给予直接而主要的关注外，对文中的语块和单词所给予的外围注意及两者之间的差异。

1. 语块与单词外围注意水平

具体问题：在阅读过程中，二语学习者对语块和单词的外围注意的总体水平怎样？两者之间是否存在差异？

2. 阅读水平与外围注意水平之间的相关性

具体问题：①二语学习者的阅读水平与语块外围注意水平之间是否存

在相关性？②二语学习者的阅读水平与单词外围注意水平之间是否存在相关性？③如果有，两者之间是否存在差异？

3. 频率对外围注意水平的影响

具体问题：①语块频率是否影响二语学习者对语块的外围注意水平？②单词频率是否影响二语学习者对单词的外围注意水平？③如果有，两者之间是否存在差异？

3.2.2 研究对象

本研究的受试为某大学非英语专业一年级的两个平行教学班，一共 61 名学生。他们的英语学习背景相同，均有 10 年左右的正规英语学习史，平均年龄为 18.3 岁，入学后根据高考英语成绩被编入同一水平层次的班级。

3.2.3 材料与工具

阅读材料使用的是由外语教学与研究出版社出版《新视野大学英语（第三版）》所包含的《长篇阅读》(第二级)第七单元的 A 篇文章，题为：*Women more likely than men to see nuances when making decisions*。在文章后提供 10 个句子，每句一题。每句所含的信息出自文章的某一段落，要求学生找出与每句所含信息相匹配的段落。文章长度为 1031 词，生词大约有 15 个，生词率不超过 1.5%。该书提出限时阅读速度为 90~110 词每分钟，那么学生阅读文章大概需要 10 分钟，加上完成 10 道信息匹配题所需的 5 分钟，合计 15 分钟。

文中 9 个语块和 9 个单词被选为目标项，选择的原则为：①为受试没有学过；②在文章中仅出现过一次，以避免频率效应干扰。其余没有选为目标项的生词均附上中文注释。然后，通过美国当代英语语料库（COCA）查询每一目标语块的频率，并据此将这些目标项分成高中低频三组。如表 3-1 所示。

3 附带习得中二语学习者对语块与单词外围注意的对比研究

表 3-1　目标语块和单词分组

组别	语块	频率（每百万）	单词	频率（每百万）
高频组	engage in relative to fall into	2170 1353 896	testimony scenario intriguing	3272 2442 1043
中频组	aspire to receptive to inclination to（do）	246 209 184	inherently stereotype proactive	689 572 484
低频组	group together take aim at be disposed to	34 30 22	nuanced aversion extenuating	314 264 35
平均频率		572		1013

对语块外围注意的测试包括 18 个目标项、9 个语块和 9 个单词。另外，还额外增加了 6 个干扰项、3 个语块和 3 个单词，但这些并没有在文中出现过。最终，参加测试的目标项一共为 24 个，并制作成 PPT 课件。课件每一页呈现一个单词或语块，受试根据自己的注意程度进行判断作答：

0＝我对这个单词或语块一点印象都没有；

1＝我对这个单词或语块似乎有一点印象；

2＝我对这个单词或语块有一些印象；

3＝我对这个单词或语块有较为明确的印象；

4＝我对这个单词或语块非常有印象。

注意是一个从低级、自动的注意到高级、控制的注意的连续体，而不是无注意状态和注意状态的全有或全无的对分方式（Ortega，2016）。作为聚焦注意以外的一种低级的、最低程度的注意，外围注意与聚焦注意一样具有连续体的特性。例如，在随意的阅读过程中，第二语言读者有可能会突然专注于找出某个语项的意思，有可能会在脑海中先记住这个语项，事后再查找它的意思。也就是说，读者的外围注意力在信息处理中会呈现渐增、渐减波动的状态。在语块外围注意的测试中要求受试依据对每一个目标项的注意程度分别赋值 0 至 4 分的要求正是体现了外围注意水平从"一点印象都没有"到"非常有印象"来设计，其中最低分为 0 分，最高分为 4 分。本研究的 9 个目标语块和 9 个目标单词分别计分，各自的最高总分为 36（4×9），最低总分则为 0（0×9）。

3.2.4 数据收集

数据收集由任课教师（施测人员）在上课前进行。整个过程分为两个阶段，包括阅读理解测试阶段和目标项外围注意水平测试阶段。在第一阶段，受试阅读第七单元 A 篇文章并完成文章后面的信息匹配题，时间为 15 分钟。阅读前，告诉受试这是一次小测，阅读成绩将计入平时考评，但不告诉受试事后有语块和单词外围注意水平的测试。完成之后，马上收回文章。第二阶段，播放 PPT 课件，受试进行语块和单词外围注意水平的测试。测试之前，施测教师向受试告知测试目的，举例说明操作方法。测试过程中，施测教师可以依据受试的完成程度调适每一个语块和单词播放的时间。

所有数据输入电脑后经 SPSS 软件分析回答研究问题。

3.3 结果与讨论

3.3.1 语块与单词外围注意水平

根据前面提到的第一个问题，本节先报告语块与单词外围注意的总体水平，然后讨论语块外围注意总体水平与单词外围注意总体水平之间的差异。

1. 语块与单词外围注意总体水平

表 3-2 语块与单词外围注意总体水平的描述统计

项目	平均数	标准误差	最高分	最低分	数量
语块	14.918	5.530	28	4	61
单词	9.803	4.460	20	2	61

从表 3-2 描述性统计结果可知，受试的语块外围注意总成绩均值为 14.918，标准偏差为 5.530，最高分和最低分分别为 28 和 4；单词外围注意总成绩均值为 9.803，标准偏差为 4.460，最高分和最低分分别为 20 和 2。由此可见，二语学习者对最初的视觉输入中的表层特征（无论是单词还是语块）都能够给予一定的注意。这个结果不仅从根本上为二语词汇附带习得的可能性提供了证据，也在一定程度上证明了词汇附带习得假说在语块层面上的普适性，即阅读等可理解性输入或许可以促进语块的附带习得。

为了进一步考察在阅读过程中二语学习者语块和单词外围注意的水平，本研究按照常规的评价做法把语块和单词外围注意的最高得分的 60% 作为检验值进行单一样本 t 检验。表 3-3 单一样本检验分析结果显示，在检验值（test value）为 21.6、自由度（df）为 60 时，语块与单词外围注意总成绩的 t 值分别为 −9.438 和 −20.657。在 α=.05 水平上，该值均有显著性差异（p=.000<.05）。

表 3-3 语块与单词外围注意总体水平单一样本 t 检验

变量	检验值=21.6					
	T	df	显著性（双尾）	平均差异	95%差异数的置信区间	
					上限	下限
语块外围注意总成绩	−9.438	60	.000	−6.682	−5.266	−8.098
单词外围注意总成绩	−20.657	60	.000	−11.797	−10.654	−12.939

从上面分析可知，附带习得中二语学习者对语块与单词外围注意的总体水平偏低，平均差异值分别为 −6.682 和 −11.797，这可能是因为本研究的受试在完成信息匹配题任务时，主要注意力并非在目标项上，只是在无意中对目标项产生的一种认知活动，必然对目标项不太可能留下很深的印象。王改燕（2009）采用词形习得检测的方法——目标词辨认，结果发现

目标词的命中率低，平均辨认率仅为-.16，她认为在一次阅读过程中受试对目标词词形的习得很有限，只有分散记忆，处于习得的初始阶段。Nagy et al.（1985）的研究也表明，即使是母语阅读者在阅读一篇文章后的生词习得率也并不高，正确率不会超过1/10。本研究的结果为以往研究所提出的"纯粹依靠阅读来习得目标项（语块或单词）的概率有限"的结论提供了证据。

另外，本研究的结果也在很大程度上支持了"语块附带习得相当困难"的说法（Boers & Lindstromberg, 2009）。不少研究都发现，在很多情况下学习者根本就不会注意到语块（参阅 Arnaud & Savignon, 1997; Bishop, 2004）"。Peter（2012）的研究表明，除非是老师预先指出文本材料中的语块或这些语块经过了输入增显处理，否则的话，二语学习者通常不会自主识别或处理文本中的语块。范烨（2008）通过对比四组学生的注意形态对二语动名词搭配习得的影响后，他发现纯阅读学生的注意形态的总体效果最差，其原因可以归结为：只是被要求阅读包含目标搭配的文章的受试缺乏外在的引导和内在的需求，他们很可能没有将焦点注意集中在目标搭配上。

2. 语块和单词外围注意总体水平之间的差异

为了考察在阅读过程中二语学习者语块和单词外围注意总体水平之间的差异，本研究把语块与单词外围注意总体成绩作为独立样本进行配对样本t检验，统计结果见表3-4。

表3-4 语块与单词外围注意总体水平配对样本t检验

变量	配对差异值					
	t	df	显著性（双尾）	平均差异	95%差异数的置信区间	
					上限	下限
语块外围注意总成绩-单词外围注意总成绩	7.531	60	.000	5.114	6.473	3.756

从表 3-4 可知，语块与单词外围注意总体成绩差异值为 5.114，即语块外围注意的总成绩比单词外围注意的总成绩高 5.114 分，其中 t=7.531，p=.000 < .05，说明语块与单词外围注意总体成绩之间的差异显著。本研究的 9 个目标单词的频率平均值高达 1013，9 个目标语块的频率平均值仅为 572。因此，这个结果似乎出人意料。不过，之所以会出现这样的结果也有一定理据。语块属于多词单位，其所含的信息量必然多于单个单词的信息量，促发学习者更多的注意。

另外，本研究的结果并没有支持以往的看法。已有文献认为，语块比单词凸显度低，不易被学习者以整体形式识别、加工和贮存，难以促发注意，因此在很多情况下语块附带习得比单词附带习得更难发生（Boers & Lindstromberg, 2009）。对此，我们认为在一次阅读过程中受试对目标项目的习得主要受限于该项目本体因素，诸如拼写、长度、语义特性等。如果语块与单词一样都是不熟悉的（如 inclination to），或者语块频率比单词频率更低的话，它们的凸显度反而更高，必然能够促发的注意投入也就越多。本研究的结果似乎说明了假如语块有一定难度的话，附带习得有可能比单词更容易发生。

3.3.2 阅读水平与外围注意水平之间的相关性

表 3-5 显示了二语学习者的阅读成绩分别与语块外围注意水平和单词外围注意水平之间的斯皮尔曼相关系数（Spearman correlation coefficient）检验的结果。

表 3-5 阅读成绩与语块外围注意水平和单词外围注意水平之间的相关分析

		语块外围注意水平	单词外围注意水平
信息匹配题成绩	相关系数	-.128	-.054
	显著性	.324	.679

从表 3-5 可知，信息匹配题成绩与语块外围注意水平之间的相关系数为 -.128，统计检验没有达到显著性（p=.324>.05）；信息匹配题成绩与单词外围注意水平之间的相关系数为 -.054，统计检验也没有达到显著性（p=.679>.05）。数据表明二语学习者的阅读水平分别与语块外围注意水平和单词外围注意水平之间的关系极弱，可以认为都不相关。

本研究使用信息匹配题类型，受试在完成信息匹配题时主要采取整体层面上的快速阅读（略读以获取大意，或寻求句子层面以上的信息）和局部层面上的快速阅读（查读或寻读获取具体的特定信息）两种认知加工策略。这必然确保了受试把注意力集中在理解意义，而不是在学习新语言项目（单词、语块等）上。根据 McLaughlin（1987）提出的注意和加工模型，受控加工（controlled processing）进行的时候，自动加工（automatic processing）也在进行着。前者需要学习者的聚焦注意，后者仅需要外围注意。也就是说，学习者在专注于阅读的同时，也会根据上下文有意无意地猜测语言项目（单词、语块）的含义。由此可见，词汇附带习得在一定程度上就是一种自动加工过程。本研究发现二语学习者的阅读水平分别与语块外围注意水平和单词外围注意水平之间没有相关是有理据的。

本研究的发现还可以用 Barcroft 的加工资源分配模型（type of processing-resource allocation model，TOPRA）来解释。该模型是 Barcroft（2002）基于二语习得认知研究的信息加工理论（语言输入＞语言系统的发展＞语言输出）和加工资源有限的构念（the construct of limited processing resource）基础上提出的二语词汇习得理论，认为在有限心理资源高负荷的条件下，习得效果是由学习与测试中信息加工任务的不同类型决定的。根据该理论可知，本研究中的受试在限定时间内完成信息匹配题的时候，需要投入大量的精力，必然减少对文中目标语块和单词所能给予的外围注意。这就难怪阅读成绩与语块外围注意水平和单词外围注意水平之间的相关系数为负值。

3.3.3 频率对外围注意水平的影响

1. 语块频率对外围注意水平的影响

为了探测不同频率语块之间的外围注意水平是否存在差异，本研究采用了单因素方差分析（One-Way ANOVA）。方差齐性 Levene 检验结果（F=2.638，p=.074＞.05）表明各组方差齐性，符合参数检验的要求。方差检验结果（F=15.654，p=.000＜.05）说明各组之间有显著差异。不同频率的语块外围注意水平的描述统计和组内对比检验结果分别见表 3-6 和表 3-7。

表 3-6　不同频率的语块外围注意水平的描述统计

组别	平均数	标准误差	数量
高频语块	3.918	2.185	61
中频语块	4.738	2.435	61
低频语块	6.426	2.901	61

表 3-7　单因素方差分析的组内对比检验

变异来源	语块频率	平均差异	标准错误	显著性
组间	高频语块 vs. 中频语块	−.820	.324	.203
	高频语块 vs. 低频语块	−2.508	.365	.000
	中频语块 vs. 低频语块	1.689	.403	.000

从表3-7可知，除了高频与中频语块的外围注意水平之间（p=.203＞.05）没有显著差异外，高频与低频语块的外围注意水平之间（p=.000＜.05）和中频与低频语块的外围注意水平之间（p=.000＜.05）有显著性差异。结合表3-8提供的描述性统计量可以认为，不同频率语块之间呈现低频语块的外围注意水平＞中频语块的外围注意水平＞高频语块的外围注意水平的趋势。这可能是因为高频和中频语块通常都是由那些熟悉的词语组成，具有意义透明性，学习者在阅读的时候自然就不会给予额外的注意。这与一些

研究者的看法一致：完全由熟悉的单词所构成的程式语（formulaic sequences）似乎根本不会受到关注（Boers & Lindstromberg，2012；Peters，2012）。反之，如果学习者在阅读的时候所遇到的语串是一个完全陌生的低频语块，这样的语块获得自主注意的机会有可能是最大的。

2. 单词频率对外围注意水平的影响

不同频率单词之间的外围注意水平单因素方差分析（One-Way ANOVA）满足方差齐性 Levene 检验（F=1.067，p=.346＞.05），方差检验结果为 F=5.830 和 p=.004＜.05。表 3-8 和表 3-9 分别报告不同频率的单词外围注意水平的描述统计和组内对比检验结果。

表 3-8　不同频率的单词外围注意水平的描述统计

组别	平均数	标准误差	数量
高频单词	2.590	2.148	61
中频单词	3.902	2.336	61
低频单词	3.344	1.879	61

表 3-9　单因素方差分析的组内对比检验

变异来源	单词频率	平均差异	标准错误	显著性
组间	高频单词 vs. 中频单词	−1.311	.386	.004
	高频单词 vs. 低频单词	−.754	.386	.151
	中频单词 vs. 低频单词	.557	.386	.354

表 3-9 显示了高频与中频单词的外围注意水平之间（p=.004＜.05）之间有显著性差异，但是高频与低频单词外围注意水平之间（p=.151＞.05）和中频与低频单词外围注意水平之间（p=.354＞.05）没有显著性差异。结合表 16 提供的描述性统计量可以认为，不同频率单词之间呈现中频单词的外围注意水平＞低频单词的外围注意水平＞高频单词的外围注意水平的趋势。

有研究发现决定阅读中影响生词注意过程的关键因素是阅读理解是否存在障碍(徐浩,2012),不过我们认为这个障碍是有条件限制的。Ellis(1997)的研究表明,在某些情况下,很容易被猜测出词义的生词很可能不会被记住,因为读者的注意在于文章的理解,较少关注词形,本研究中的高频单词的外围注意水平最低也就不足为奇了。还有研究发现,如果文章内容很容易理解,不同水平的学习者都会对那些他们认为太难而且与文章主要内容无关的生词视而不见(Paribakht & Wesche,1999)。这或许可以解释为什么本研究中的低频和高频单词的外围注意水平之间没有显著差异以及为什么低频单词比中频单词给学习者造成更大的障碍,但学习者反而所给予低频单词的注意程度却不如中频单词。本研究的发现对"注意假设"(Schmidt,1994)提出了挑战,语言输入特征越明显,并不一定越容易引起学习者的注意。

3. 语块频率与单词频率对外围注意水平的影响之间的比较

从上面分析可知,不同频率语块之间与不同频率单词之间对外围注意的影响不太一致。下面从两方面进行比较:

(1)两者之间的共性。

无论是语块频率还是单词频率,外围注意水平趋势有一个共同的特点:高频语块和高频单词接受到的外围注意都是最少的。这或许是因为只要那些熟悉的目标项(无论是语块还是单词)可以较为轻易地从上下文猜测出语义,不会造成阅读理解上的障碍,学习者自然也就不会对它们进一步关注和加工,由此导致较低的注意水平。已有研究证明了这一点,如果阅读中的语块或单词很容易理解或者直接提供注释反而使学习者主动抑制了对词汇的关注(刘丹丹,2013)。

(2)两者之间的差异。

不同频率语块之间与不同频率单词之间对外围注意的影响呈现出不太一样的趋势,这可以从目标项的内凸显度来解释,因为在一次阅读过程中学习者对目标项的注意更多地由凸显度所引起,如不熟悉性、重要性等。

一般而言，高频语块完全由熟悉的成分组成，凸显度最低，中频语块至少会由一部分熟悉的成分组成，凸显度较为适中，低频语块完全由不熟悉的成分组成，凸显度最高，即不同频率语块的凸显度呈现出低频语块的凸显度 > 中频语块的凸显度 > 高频语块的凸显度的趋势。故不同频率语块外围注意的水平随着凸显度的变化呈现出相应的规律性，具体表现为学习者对低频语块的外围注意最多，中频语块的外围注意居中，而对高频语块所给予的外围注意最少。

与语块不同的是，不同频率单词对外围注意的影响中，学习者对中频单词的外围注意最多，其次是低频单词，对高频单词所给予的外围注意最少。这可能是因为无论是高频单词、中频单词还是低频单词，它们都是陌生的生词。相比较之下，高频单词应该稍微熟悉一些，也可以较为容易地猜测词义，其凸显度自然最低。中频单词和低频单词都具有非常不熟悉的特点，凸显度都很高。只不过，低频单词的难度又太大，学习者根本无法猜测词义，在阅读过程中往往采取回避策略，这就难怪学习者给予低频单词的外围注意反而少于中频单词。总之，不同频率语块之间与不同频率单词之间对外围注意的影响所呈现的趋势表明语块附带习得机制与单词附带习得机制可能存在一定的差异。

3.4 结论

注意是二语习得的必要条件，也是习得目标语言形式的第一步（Boers & Lindstromberg，2009）。本研究考察了在附带习得过程中二语学习者对阅读任务给予直接而主要的关注外，对文中的语块和单词所给予的外围注意水平及他们之间的差异。主要发现有：①从总体上看，附带习得中二语学习者语块与单词外围注意的总体水平偏低，且两者之间具有显著性差异；②二语学习者的阅读水平与语块外围注意水平和单词外围注意水平之间的关系极弱，可以认为都不相关；③不同频率语块之间呈现低频语块外围注意水平＞中频语块外围注意水平＞高频语块的外围注意水平的趋势；不同频率单词之间呈现中频单词外围注意水平＞低频单词外围注意水平＞高频单词的外围注意水平的趋势；两者之间的趋势存在明显差异。

上述研究发现有助于人们更全面地认识"注意"这一重要的心理现象，以及"主要注意"与"外围注意"在二语输入中的作用，揭示出在阅读接触过程中"外围注意"的规律性和复杂性，丰富了国内外相关研究，这对我国二语习得领域有关"注意"的作用的研究具有积极意义。此外，对于二语教学实践而言，本研究的发现对促进语块和单词习得，包括隐性和显性习得两种范式，也有借鉴意义。在实践上，本研究的成果对二语教学大有裨益，可为二语教师的课程设计和学生的课外语块和单词拓展提供指导。比如说，除了增加语言输入，让学习者接触目标语块和单词（尤其是高频语块和高频单词）频繁出现的文章，教师可以采取一种内隐的方式（如使用下划线、粗体字或不同的字体、颜色等）来引起学习者的注意，而且还可以设计一些意识增进任务（consciousness-raising tasks）来提高学习者对语块和单词的意识，从而保证学习者能够注意并吸纳这些语言输入。

本研究也存在一定的局限性，如研究设计中的中低频之间的差异不大，单词数与词块数偏少等。另外，本研究仅包含对输入接触"外围注意"的考察，与能否将"注意"的语言形式转化成语言吸纳（intake）仍有很大的距离。今后可以设计将初次接触的"注意"置于中介语系统中进行考量。

PART FOUR

输出驱动和输入促成对二语语块习得的影响及作用机制研究

4.1 引言

我国英语教学质量长期备受诟病,"哑巴英语""高投入低产出"以及"费时低效"等标签长期贴在英语教学上。究其原因,可能涉及:①传统的课堂教学模式重文本理解、接受性技能训练,轻产出性技能的培养(文秋芳,2017);②传统的外语学习模式重语言知识的积累,轻语言运用能力的提升(戴运财等,2014);③语境对语言的使用具有不可或缺性,语言跟语境的匹配错位会导致外语运用困难(王初明,2003);④外语学习主要由意义驱动(Vanpatten,1996;2007),并造成语言学习中的理解与产出不对称性(王初明,2012);⑤语言技能具有不可迁移性,比如说理解能力的训练无助于产出能力的提高(DeKeyser,2007)。如何探索和寻找有效的解决途径和方法已经引起了外语界学者的广泛关切,他们作出了开创性的贡献。其中,文秋芳教授做了大量有价值的探索,提出了在我国应用语言学理论建设史上具有一定意义的"产出导向法"理论体系。该理论体系的内涵异常丰富,不仅包括"输出驱动假设""输入促成假设"和"选择性注意假设",还包括3个教学理念和相应的教学流程。然而,尽管该理论体系突出了教学假设的理论支撑作用,但是对于这些教学假设是如何在二语习得过程中起作用的机制仅为一些笼统的说法。为此,本章进行一项实证研究,探讨该理论体系的教学假设,尤其是"输出驱动假设"和"输入促成假设"在二语习得过程中的作用机制。

4.2 研究背景

Krashen(1985)在其可输入假设中提出,可理解的语言输入(comprehensible input)是二语习得的必要条件,也是充分条件。在他的理论影响下,20世纪80年代早期的二语习得研究把关注点放在如何给二语学习者提供可理解输入上,忽视了输出在习得上的作用。然而,之后的相关研究证明这个观点是站不住脚的。在 Spolsky（1989）提出关于二语习得"条件"的一个长长清单中，只有一条（第 71 条）才明确指向可理解输入，而且也没有被列入到他认为成功语言习得所"必要"的 31 个条件中。Larsen-freeman（1983）的研究发现学习者在接受语言输入时把注意力更多地放在传递的意义上，而不太会注意使用的语言形式，因此可理解输入并不相当于语言习得。总之，Krashen 的"可理解的语言输入是二语习得中唯一起作用的变量"的观点夸大了语言输入的作用，忽略了二语习得中其他因素的作用。

可理解输出（comprehensible output）假设则是 Swain（1985）在对加拿大法语浸入式环境中的儿童观察后提出的。她发现尽管这些学习者已经接受很多年的可理解输入，但他们的法语中介语水平仍然表现欠缺，产出性使用法语的能力明显不足。换句话说，大量的可理解输入并不能保证习得发生，这使她提出输出对第二语言发展有关键作用的观点。随后的二十多年的时间里，Swain 和她的同事进行了一系列实证研究来证明语言输出的重要性。

输入与输出都是二语习得不可或缺的必要条件，但是现有的输入、输出研究大多把两者对立起来，比较输入与输出在习得中的作用（顾琦一，2009）。然而，输入与输出之间并不存在对立关系。我国学者王初明提出了"续论"，认为外语学习效率的高低取决于语言理解和产出结合的紧密程度；两者结合产生协同效应，结合得越紧密，协同效应越强，外语学习效果也就越佳（2012）。文秋芳（2010）也强调语言的输入和输出活动不是相互独立的个体，而是应该通过课堂互动有机地结合起来。

作为"产出导向法"理论体系中的核心理论，"输出驱动假设"的提出被认为是对"输入促输出"的教学顺序的挑战（文秋芳，2013），主要观点有：①产出既是语言学习的驱动力，又是语言学习的目标；②产出比输入性学习更能激发学生的学习欲望和学习热情，更能够让学生取得更好的学习效果（文秋芳，2015）。与此同时，文秋芳（2013）还对 Swain 的"输出假设"与"输出驱动假设"进行比较，进而提出这两个假设尽管都认为输出可以促进二语能力的发展，但也有明显不同之处，主要体现为两者的出发点不同。输出假设探讨的是二语习得理论，界定输入和输出在二语习得过程中的不同作用，而输出驱动假设关注的是二语教学效率问题，探讨的是如何使当下的外语教学更好地为学生未来的就业服务。从这个意义上说，输出驱动假设是一个二语教学假设，而不是二语习得假设。作为另一个重要的假设，"输入促成假设"强调在输出驱动的条件下，适时提供能够促成产出的恰当输入，也就是所谓的"以学助用"，促进学生"自反"和"自强"（文秋芳，2017）。依据文秋芳教授对"输出驱动假设"的定性，同理，"输入促成假设"也是一个二语习得教学假设，而不是一个二语习得假设。

文秋芳教授提出"输出驱动假设"和"输入促成假设"属于二语习得教学假设的观点体现了二语习得研究学科的发展走向。近些年，二语习得研究人员（如 Ellis，2012；Loewen，2015 等）提出可以把课堂教学研究独立出来，作为二语习得研究的分支进行分析、总结和阐述。事实上，二语习得和外语教学密切相关，既有重合，又有区别。重合的是二者的研究对象都是二语（外语）课堂教学，区别的是，前者重视理论导向，后者重视教学实践。诚如文秋芳教授所言，她选择了 Swain 的"输出假设"作为"输出驱动假设"的重要理论基础，只不过无论是输出驱动假设还是输入促成假设关注的是二语教学效率问题（文秋芳，2013），而 Swain 的输出假设和 Krashen 的输入假设则是从二语习得角度出发，出发点和归宿都是为了说明习得是怎样发生的。

另外，在"产出导向法（POA）"历经 10 余年的发展期间，研究人员除了进行理论探讨和理论体系的构建以外，也参与了"产出导向法"教学实验，为理论构建提供了课堂实践的经验与教训。他们从不同的角度分别考察了该理论体系的教学有效性，主要聚焦于"驱动-促成-评价"各教学环节（邱琳，2017；孙曙光，2017 等）、"产出导向法"的总体有效性（张伶俐，2017）、对写作技能的影响（张文娟，2017），以及教材编写（常小玲，2017）等。到目前为止，"产出导向法"被认为是一种全新的教学方法，至少有助于树立"学用结合"的意识，克服"学用分离、效率低下"的弊端，提高课堂教学效率（孙丰果，2016）。

然而，从现有文献来看，尚未发现阐释这些教学假设是如何起作用的相关实证研究，对具体的语言项目（如词汇、语块）的学习方面的研究也相对缺乏。鉴于此，本研究拟在"产出导向法（POA）"理论体系的基础上，以二语语块作为学习目标，探讨输出驱动假设和输入促成假设在输出驱动条件下二语习得过程中的作用机制，助力于深化"产出导向法"的理论认知，增强其在外语教学实践中的理据。

4.3 研究设计

4.3.1 研究问题

本研究具体探讨如下问题：

（1）在输出驱动条件下二语习得过程中，输出驱动与输入促成对二语语块产出性知识的习得是否有影响？如果有，其作用机制如何？

（2）在输出驱动条件下二语习得过程中，输出驱动与输入促成对二语语块接受性知识的习得是否有影响？如果有，其作用机制如何？

4.3.2 研究对象

本研究对象为某高校非英语专业刚入学新生的两个自然班，一共 64 人，其中女生 40 名，男生 24 名。他们的英语学习背景相同，均有 10 年左右的正规英语学习的经历，平均年龄为 18.3 岁。高考英语成绩平均分 89.68，最高分 124，最低分 42，标准差为 18.12。

4.3.3 研究工具

4.3.3.1 输入文章

输入文章 1 篇,选自上海译文出版社出版的《牛津英语词汇（*Oxford Word Skills*）》（Ruth Gains and Stuart Redman 编著,陆亚平译）,题目 *Neighbours Refuse to Mend Fences*。这是一篇趣味性强的英语小故事,语言地道,语块占比率达 80%。文章长度为 101 个单词,不熟悉的生词约占 3%,确保受试对输入文章的理解。

4.3.3.2 目标语块的选择

本研究语块的操作性定义为"高频搭配语块（frequent collocation）",如 have a walk, take part in 等,它们是自然言语中频繁出现的词汇组合（Lewis, 1997）。具体选择标准：①由英语本族语者直觉判定为一个整体单位；②研究对象尚未掌握这些语块的接受性和产出性知识；③不同类型的搭配都有所兼顾,主要包含动词搭配语块和名词搭配语块；④所有词汇搭配都具有较高的信息价值,对理解短文意义有重要作用；⑤在文章中仅出现一次,以避免频次效应干扰。

4.3.3.3 输出任务

本研究设计了运用目标语块的补全句子作为输出驱动的任务。另外,输入促成阶段的输出任务类型和内容与输出驱动阶段的输出任务一样,只是题目的顺序安排不同。

4.3.3.4 测量工具

1. 语块知识习得的测试

本研究参考了 Stuart Webb 等（2013）的测试方法并采用语块产出性知识测试（汉译英）和语块接受性知识测试（英译汉）。其中,语块产出性知识测试要求根据中文意义写出 20 个英文短语,其中 10 个为目标词组,10 个为附加语块；语块接受性知识测试要求翻译 20 个英文短语,其中 10 个为目标词组，10个为附加语块。

2. 回溯性问卷调查

问卷调查主要涉及受试对目标语块的掌握情况、对输入文章的目标形式的注意、第二次输出所采取的认知加工策略以及在测试过程中对目标语块的产出性和接受性知识的掌握程度等。

4.3.4 研究步骤

为了了解输出驱动假设和输入促成假设在二语习得中的作用机制，笔者根据"产出导向法（POA）"的教学流程设计了"输出驱动条件下二语习得模式"（见图 4-1）。该习得模式包含三个阶段，分别是：第一阶段是输出驱动阶段，也就是学习者受到推动产出（第一次产出）；第二阶段是输入促成阶段，给学习者及时提供相关有用的输入和进行第二次产出；第三阶段就是习得结果阶段，包含形式习得和意义习得。其中，输出驱动阶段对应于"产出导向法（POA）"的驱动阶段；输入促成阶段包含输入和第二次产出两个任务，分别对应于"产出导向法（POA）"的促成阶段和评价阶段。

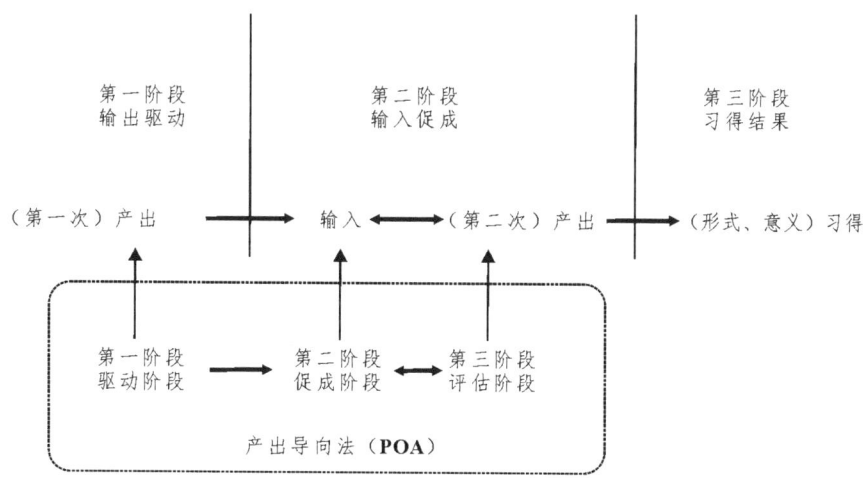

图 4-1 输出驱动条件下二语习得模式

正式实验由授课教师实施,具体操作步骤和任务安排如下:

第一阶段:输出驱动阶段。

要求受试在 10 分钟完成补全句子任务。

第二阶段:输入促成阶段。

①收回第一阶段完成句子材料,发放输入文章,要求受试在 5 分钟内理解故事内容;②进行第二次完成补全句子任务,时间为 10 分钟,期间允许受试翻阅输入文章。

第三阶段:习得结果阶段。

①收回第二阶段的所有材料,发放语块知识习得测试试卷,要求在 10 分钟完成,产出性测试在接受性测试之前完成,以避免补全句子任务可能带来的学习效应;②收回测试材料后,进行回溯性问卷调查,时间大约为 20 分钟。

4.3.5 数据分析

本研究采用定量与定性相结合的研究方法。定量数据来自测试结果。无论是对语块产出性知识还是对语块接受性知识的测试,本研究采用"三级打分制",也就是错误得 0 分,部分正确得 0.5 分,完全正确的 1 分,且仅计算目标语块的得分,满分为 10 分。定性数据来自回溯性问卷调查,用作定量分析结果的补充。

所有数据输入电脑后经 SPSS 软件进行统计分析回答研究问题。

4.4 结果与分析

在输出驱动条件下二语习得的过程中,输出驱动阶段(简称为"输出驱动",下同)和输入促成阶段(简称为"输入促成",下同)是自变量,而二语语块习得是因变量。本研究首先采用线性回归分析两个自变量分别对二语语块习得的影响,然后运用中介效应的检验方法(温忠麟等,2014)

分析自变量对因变量的影响的作用机制。

4.4.1 输出驱动和输入促成对二语语块习得的影响

表 4-1 列出了输出驱动阶段的产出成绩（简称为"输出驱动成绩"，下同）、输入促成阶段的产出成绩（简称为"输入促成成绩"，下同）、产出性知识成绩、接受性知识成绩的描述性的统计情况以及相关矩阵。相关分析结果表明，输出驱动成绩、输入促成成绩、产出性知识成绩、接受性知识成绩之间存在着显著相关性。

表 4-1 变量描述性的统计及相关矩阵

变量	Min	Max	M	SD	1	2	3	4
1.输出驱动成绩	.00	7.00	3.40	2.04	—			
2.输入促成成绩	.00	10.00	4.46	2.39	.51**			
3.产出性知识成绩	1.50	9.00	4.41	1.88	.47**	.57**	—	
4.接受性知识成绩	.00	6.00	2.29	1.34	.36**	.58**	.62**	—

注：*p < 0.05，**p < 0.01，***p < 0.001，下同。

为了考察输出驱动与输入促成对二语语块知识习得的影响，先后以输出驱动成绩与输入促成成绩为自变量，分别以二语语块的产出性知识和接受性知识为因变量，采用强制回归的方式进行多元方差分析。分析结果（见表 4-2）表明，输出驱动成绩与输入促成成绩对二语语块的产出性知识的影响均显著，二者能够共同解释二语语块的产出性知识习得变异量的34%，而且输入促成成绩（p=.001 < .01）首先进入回归方程，输出驱动成绩（p=.045 < .05）随后进入回归方程。由此可见，与输出驱动相比，输入促成对二语语块产出性知识的影响更大。

输出驱动成绩与输入促成成绩能够共同解释二语语块接受性知识变异量的32%，但是两者的回归效应不一样。输出驱动成绩的非标准化的回归系数（B）为 .05，t 统计量没有达到统计上的显著意义（t=.64, p=.525 > .05），输入促成成绩的非标准化的回归系数为 .31，t 统计量达到统计上的显著意义（t=4.47，p=.000 ＜ .001）。很显然，两种成绩对二语语块接受性知识习得产生了不同的影响，其中输入促成成绩的影响显著，而输出驱动成绩的影响不显著。

表 4-2　输出驱动成绩和输入促成成绩对二语语块习得的回归分析结果

进入方程变量	产出性语块知识						接受性语块知识					
	B	SE	β	t	R^2	$\triangle R^2$	B	SE	β	t	R^2	$\triangle R^2$
输出驱动成绩	.23	.11	.25	2.05*	.36	.34	.05	.08	.08	.64	.35	.32
输入促成成绩	.35	.09	.44	3.65***			.31	.07	.54	4.47***		

4.4.2 输出驱动和输入促成对二语语块产出性知识习得的加工机制

在心理和行为研究中，经常遇到中介（mediation）和调节（moderation）效应。考虑自变量 X 对因变量 Y 的影响，如果 X 通过影响变量 W 来影响 Y，此时 W 为中介变量（Baron & Kenny，1986）。中介效应分析的目的是通过探讨 X 如何影响 Y 来帮助人们了解变量之间影响的过程和机制（温忠麟，叶宝娟，2014）。本研究中的输出驱动阶段和输入促成阶段分别是输出驱动条件下二语习得过程中的第一阶段和第二阶段，输出驱动阶段（自变量）可能通过影响输入促成阶段这个变量来影响语块产出性知识习得（因变量），并使输入促成（自变量）成为中介变量。为此，本研究采用中介效应的检验方法（参阅温忠麟等，2004），依次进行如下分析：

第一步，以输出驱动成绩为自变量，对语块产出性知识进行多元回归分析；

第二步，以输出驱动成绩为自变量，对输入促成成绩进行多元回归分析；

第三步，以输出驱动成绩和输入促成成绩为自变量，对语块产出性知识进行多元回归分析。

表 4-3 呈现了输入促成在输出驱动影响语块产出性知识习得中的中介效应分析结果。

表 4-3 输入促成在输出驱动影响语块产出性知识习得中的中介效应分析结果

	第一步：语块产出性知识			第二步：输入促成成绩			第三步：语块产出性知识		
	B	SE	β	B	SE	β	B	SE	β
输出驱动成绩	.43	.10	.47***	.60	.13	.51***	.23	.11	.25*
输入促成成绩							.35	.09	.44***
F	17.41			21.87			17.12		
R^2	.22			.26			.36		

由表 4-3 可知，输出驱动成绩对语块产出性知识和输入促成成绩的贡献量均具显著性（见第一步和第二步）。当输入促成成绩进入回归方程后（第三步），输出驱动成绩的回归系数 β 值有所下降，但仍然是显著的。这说明在输出驱动条件下二语习得过程中，输入促成在输出驱动对二语语块产出性知识的习得的关系中具有部分中介效应，具体的作用机制表现为：输出驱动对语块接受性知识习得的总效应量为 0.47，一方面具化为直接效应，直接效应量为 0.25，占总效应的比例为 53.19%；另一方面则是通过输入促成来发挥间接作用，输入促成的中介效应量为 0.22，占总效应的比例为 46.81%。

4.4.3 输出驱动和输入促成对二语语块接受性知识习得的加工机制

在输出驱动条件下二语习得过程中，输出驱动（自变量）同样通过影响输入促成这个变量来影响语块接受性知识习得（因变量），而输入促成（自变量）是中介变量。为检验输入促成在输出驱动与语块接受性知识的习得之间的中介效应，本研究采用的检验方法及具体步骤与 4.4.2 部分相同，结果如表 4-4 所示。

表 4-4　输入促成在输出驱动影响语块接受性知识习得中的中介效应分析结果

	第一步：语块接受性知识			第二步：输入促成成绩			第三步：语块接受性知识		
	B	SE	β	B	SE	β	B	SE	β
输出驱动成绩	.24	.08	.36**	.60	.13	.51***	.05	.08	.08
输入促成成绩							.31	.07	.54***
F	8.94			21.87			15.96		
R^2	.13			.26			.35		

由表 4-4 可知，与对语块产出性知识的影响一样，输出驱动成绩对输入促成成绩和语块接受性知识的贡献量显著（见第一步和第二步）。但是，当输入促成成绩进入回归方程后（第三步），输出驱动成绩的回归系数 β 值不显著（t=.64, p =.525 > .05），输入促成成绩的回归系数 β 值显著（t=4.47, p=.000 < .001）。这表明在输出驱动条件下二语习得过程中，输入促成在输出驱动对语块接受性知识习得的关系中起着完全中介作用，输出驱动对语块接受性知识习得的影响都是通过输入促成实现的。输入促成的完全中介效应量为 0.54，占总效应量的比例为 76.5%。

4.5 讨论

4.5.1 输出驱动与输入促成对二语语块习得影响

本研究结果表明，输出驱动成绩与其他两个阶段的成绩之间都存在显著相关，充分说明了在输出驱动条件下二语习得过程中，输出驱动阶段（第一阶段）无论是对输入促成阶段（第二阶段）还是习得结果阶段（第三阶段）都起到了驱动作用。下面分别对输出驱动与输入促成阶段的认知过程作进一步阐释。

4.5.1.1 输出驱动阶段

在完成产出任务的过程中，学生通常会先试着猜测那些目标语块的意思，然后依据语境和自己的百科知识不断地对目标语块进行选择和尝试，直至最后确定答案。这个过程支持了"产出导向法"的输出驱动假设：教学以产出任务作为教学起点，学生在尝试性完成产出任务后，能够认识到自己语言能力的不足，增强学习的紧迫感（文秋芳，2015）。这也说明了最有可能颠覆学习者内在中介语的语言使用的方法就是给学习者提供略高于现有水平的语言输出机会，而且通过鼓励学习者去处理超过现有能力的充满风险性的尝试，这样的语言使用条件能够驱动学习（Ortega，2009）。

4.5.1.2 输入促成阶段

本研究结果还表明，经过输入促成阶段提供相应的输入文章之后，学习者的产出成绩（M=4.46）明显好于输出驱动的成绩（M=3.40）。这一结果充分印证了"产出导向法"的输入促成假设。下面从两个方面进行解释。

1. 输入加工的选择性注意

输入促成阶段的产出任务与输出驱动阶段的任务完全一样，成绩却有显著提高。这表明在经过输出驱动阶段一系列的认知活动后，给学习者适时提供能够促成产出的恰当输入能够带来更好的学习效果。正如 VanPatten（2007）所认为的那样，语言输出使学习者成为一个积极的语言输入加工者。在回溯性问卷调查中，学习者均表示他们会特别留意第一次产出任务中的语块，迫切想借助输入文章来释疑解惑。这一认知过程为输出的触发机制提供了证据，即输出确实会带来输入加工时的选择性注意，从而提升学习效果。本研究的发现与 Izumi（2002）的研究结果一样证明了 Swain 的"可理解输出假设"的正确性。

2. 相关的输入和后续的产出之间的协同效应

输入促成阶段包含两个次任务，除了加工相应的输入外，学习者还要进行第二次产出。此时，学习者就在两者之间进行互动学习。回溯性问卷调查数据显示，学生不仅通过阅读输入文章进一步熟悉和理解语块，而且在后续产出过程中寻求输入文章的帮助。每当自己不太确定某个选项时，学生便会重新回读文章以学习目标语块的意义和用法，使用起来也更有把握和自信。究其原因，学习者在与输入互动时，有限的产出能力不断向较高的理解能力趋同，产生"拉平效应"，学习效应随之产生（王初明，2012）。本研究对输入促成阶段协同效应的探析支持了凡是理解和产出交互结合的语言学习方式均能有效促学的观点（王初明，2012）。

4.5.2 输出驱动与输入促成对二语语块习得的作用机制

1. 输出驱动与输入促成对二语语块产出性知识习得的作用机制

在输出驱动条件下二语习得过程中，输入驱动不仅对二语语块产出性知识产生直接效应，也通过输入促成对二语语块产出性知识产生间接效应。这是因为本研究中的输出驱动阶段的补全句子属于聚焦任务类型，能够有效启动语言习得所必须的注意机制。学习者不仅在这个阶段直接吸纳语块产出性知识，而且也给后续的输入加工带来选择性注意，从而对句法层面的加工的输入处理分配更多的注意力资源，这在一定程度上解决了信息处理中注意力优先分配于意义的问题。本研究的发现进一步印证了聚焦任务能够引导学习者使用特定的语言形式，提升对目标语的注意，进而有益于习得的观点（Long & Robinson，1998）。

2. 输出驱动与输入促成对二语语块接受性知识习得的作用机制

在输出驱动条件下二语习得过程中，输入促成在输出驱动对语块接受性知识习得的关系中起着完全中介作用，输出驱动对语块接受性知识习得的影响都是通过输入促成实现的。之所以出现输出驱动对二语语块接受性知识的习得没有影响可能是因为产出性知识和接受性知识的获得来自于不同的加工方式。根据 Barcroft（2002）提出的加工资源分配模型（TOPRA），在有限心理资源高负荷的条件下，习得效果是由学习与测试中信息加工任务的不同类型决定的。语义加工有助于提高词项语义的习得速度，对词项形式加工具有显著的抑制作用；反之，形式加工有助于词项形式的习得，对词项的语义习得则产生抑制作用。这就难怪本研究出现关注形式加工的输出任务对二语语块接受性知识的习得没有直接影响，而是以关注语义加工的输入促成为完全中介来产生间接影响的现象。

4.6 结论

本研究发现：在输出驱动条件下二语习得过程中，①输出驱动与输入促成对二语语块产出性知识的习得有影响。具体作用机制：输入促成在输出驱动对二语语块产出性知识的习得的关系中具有部分中介效应，也就是说，输入驱动不仅对二语语块产出性知识产生直接效应，也通过输入促成对二语语块产出性知识产生间接效应。②输出驱动与输入促成对二语语块接受性知识的习得有影响。具体作用机制：输入促成在输出驱动对语块接受性知识习得的关系中起着完全中介作用，输出驱动对语块接受性知识习得的影响都是通过输入促成实现的。

本研究探讨了输出驱动条件下二语习得过程中输出驱动与输入促成对二语语块习得的影响及其作用机制，所得出的结论证实了输出驱动假设和输入促成假设以及相伴随的选择性注意和协同效应的作用。这不仅有助于深化以输出为核心的"产出导向法"的理论认知，增强其在外语教学实践中的理据，而且也在一定程度上突破了该理论体系强调教学假设的理论支撑作用的观点。本研究的结果对语块教学也具有一定的借鉴意义。外语教师在具体的教学中，应该基于语块不同层面知识（接受性和产出性知识）的需求精心设计一些既有"输出驱动"又有"输入促成"的学习任务来激发学习者语块习得的内在驱动力，提高教学效果。

PART FIVE

复述产出对二语学习者语块使用的影响研究

5.1 研究背景

语块作为一种语言现象，很早就受到了语言学家的关注。一般认为，这些预制的、整存整取的且不经由语法分析生成的语块在本族语者和二语学习者的语言使用、加工和习得有着举足轻重的作用（Biber et al., 1999; Schmitt, 2010）。如果从心理语言学角度来看，语块则是一种具有心理现实性的构念。在本研究中，语块的操作性定义为那些在结构上具有相对稳定性、形式上具有整体性和语义上具有约定俗成性且融合了语法、语义和语境的优势，能够真实再现自然语言的语言单位或结构（周正钟，2014）。

近几年，随着社会认知理论的兴起，互动中的协同受到二语习得研究者的关注（如 Pickering & Garrod, 2004; Atkinson et al., 2007）。这是一种相互配合、相互启发、相互适应、相互协调的认知心理影响（王初明，2011），具体表现为结构启动，如人们在产出中倾向于重复使用自己或他人使用或接触过的语言结构。

目前，"续论"促学功能的系列研究支持了互动协同理论（Pickering & Garrod, 2004, 2006）。这些研究主要集中对协同效应的考察（Wang & Wang, 2015；姜琳、陈锦, 2015；姜琳、涂孟玮, 2016），包括在单词、词块、句法结构层面的协同行为（王敏、王初明, 2014）、在写作修辞方面的互动协同效应（杨华, 2018）以及学习者外语写作互动的语篇协同情况以及这种影响对学习者行为策略的作用（缪海燕, 2017）等方面。王初明（2015）还通过采用有声思维法，深入探究了读后续写的促学语言的机理。结果印证了读后续写的有效性，读后续写之所以有效，主因是它将阅读与写作产出紧密结合，语言学习与运用紧密结合，互动有标杆，拉平有标杆。

作为读写结合的一种方法，读后复述具有明显的促学优势，理解与产出紧密结合，有语境的配合（王初明, 2013）。与读后续写相比，读后复述具有明显的认知加工优势，可以通过完全借用输入内容的情境模式将更多的认知资源用来处理语言形式，从而在语言表征层面产生更强力协同。鉴于此，本研究采用读后复述的方法，获取我国二语学习者读后复述的文本，通过反复对比、观察、分析原作、即时复述的延时复述中出现的目标语块，论证读后复述所产生的学习效应。

5.2 研究方法

5.2.1 研究问题

本研究分析了 36 名我国某高校非英语专业一年级学生的读后复述语料，考察其中的语块层面的协同行为。具体回答以下三个问题：

（1）二语学习者即时复述产出中的语块使用是否存在与输入文本的协同？

（2）二语学习者延时复述产出中的语块使用是否存在与输入文本的协同？

（3）二语学习者即时和延时复述产出在语块层面体现怎样的协同效应？

5.2.2 研究设计

5.2.2.1 研究材料与工具

本研究采用 Hoang & Boers（2016）研究所使用的输入文本。这是一篇题目为 *The Donkey And His Masters* 的英文故事，讲述了一头驴先后经历三个主人的感受。故事内容简单，长度为 640 字左右，但是富含哲理，而且故事情节环环相扣。

为了考察复述产出文本在语块层面与原文本的协同效应，本研究同样采用 Hoang & Boers（2016）的方法选定输入文本中的语块。具体方法：先让两位有经验的英语老师独自评判输入文本中的语块。如有不一致的情况，则通过查询美国当代英语语料库来确定。其中，对于两个实义词构成的搭配（如 learn + lesson），要求互信息值的阈值必须大于 4；对于其他的词串（如 no longer），要求出现频次必须大于 100。经过这样处理，最终得到 35 个目标语块，包含有多词语块（如 let alone）、复合动词（如 look forward to ...)、动名搭配（如 make + request）和句子框架（如 too ... to ... ）等。

5.2.2.2 实验步骤

1. 输入理解

阅读故事 2 次，每次 5 分钟。阅读期间，可以纸上做笔记。

2. 即时复述产出

阅读完成之后，把故事背面朝上放在桌面上，立即完成复述任务。时间大约为 40 分钟，基本上可以确保每一名受试都能够充分复述故事内容。

3. 延时复述产出

一周后，重新完成复述任务。时间与即时复述产出的要求一致。

5.2.3 数据分析

本研究采用扎根理论的研究思路，在对研究结果没有任何预设的前提下，根据研究问题，从资料入手，观察、分析和对比原文本的语块在复述产出文本使用的情况，并由此上升到理论讨论（文秋芳、韩少杰，2011）。对资料进行逐级编码，首先，随机抽取即时复述和延时复述文本各 10 篇，进行穷尽式的开放式登录，获取大量受试在即时和延时复述文本中使用原文本的语块。在关联式登录中，不断比较原文本和复述文本、即时复述文本和延时复述文本之间的差异，修改、完善类属，并逐渐形成不交叉又体现原文本与复述文本之间的差异的几个大类，如原文本中的语块有的被频繁使用、有的却很少使用、有的完全没有被使用等。核心式登录得到四大类：①高频复用的语块，频次大于 20；②中频复用的语块，频次在 10 与 19 之间；③低频复用语块，频次在 1 和 9 之间；④零复用语块。这四大核心类属反映了数据中反复出现的、比较稳定的现象，并以此为基础形成与本研究问题相关的理论假设。整个数据分析经历了不断对比、修改和重建假设的过程，直到数据饱和。为了保证研究信度，邀请专业老师对原文本、即时和延时复述产出文本的语块使用进行了评估和确认。

5.3 研究结果

5.3.1 即时复述产出文本中的语块使用

与原文本中的目标语块对比，36 名受试即时复述产出的语块分别是：高频复用语块 2 个，占比 6%；中频复用语块 7 个，占比 20%；低频复用语块 22 个，占比 63%；零复用语块 4 个，占比 11%。表 5-1 是即时复述产出文本中的语块使用情况及出现频次。

表 5-1 即时复述产出文本中的语块使用

高频复用语块（≥ 20）	中频复用语块（10~19）	低频复用语块（1~9）	零复用语块（= 0）
2	7	22	4
rather than（23）earned his living（22）	make the best of（19）learned a lesson（15）too ... to...（14）searched for（12）food to eat（11）did his best（10）looking forward to（10）	turn down（8）on and on（7）frightened of（7）full of tears（7）little by little（6）lost hope（6）In the end（6）by trade（5）making this request（3）let alone（3）In desperation（3）took no notice of（3）make use of（3）no longer（2）do me a favor（2）coming back（2）despite the fact that（1）came to a decision（1）had had enough（1）one way or another（1）It's now or never（1）be no use（1）	couldn't help but（0）got in touch with（0）worst of all（0）On second thoughts（0）

5.3.2 延时复述产出文本中的语块使用

与原文本中的目标语块对比，36名受试延时复述产出中没有高频复用语块；中频复用语块4个，占比11%；低频复用语块60个，占比63%；零复用语块10个，占比29%。表5-2是延时复述产出文本中的语块使用情况及出现频次。

表5-2 延时复述产出文本中的语块使用

高频复用语块（≥20）	中频复用语块（10~19）	低频复用语块（1~9）	零复用语块（=0）
0	4	21	10
	earned his living（19） rather than（18） learned a lesson（14） food to eat（11）	searched for（8） too … to…（8） make the best of（7） on and on（5） looking forward to（5） frightened of（5） did his best（4） turn down（4） full of tears（4） lost hope（3） no longer（3） by trade（3） Little by little（2） be no use（2） coming back（2） took no notice of（2） In the end（2） It's now or never（1） making this request（1） let alone（1） In desperation（1）	Despite the fact that（0） came to a decision（0） had had enough（0） couldn't help but（0） one way or another（0） do me a favor（0） got in touch with（0） worst of all（0） On second thoughts（0） make use of（0）

5.3.3 即时与延时复述产出文本中语块使用的比较

通过对比即时与延时复述产出中的语块使用,可以发现既在即时复述产出中使用又在延时复述产出中复用的语块,频次为 112;仅在即时复述产出中使用的语块,频次为 103;还有一小部分并没有在即时复述产出中使用却在延时复述产出中使用的语块,频次仅为 23;另有 4 个语块完全零复用。表 5-3 是即时与延时复述产出文本中语块使用比较的情况及出现的频次。

表 5-3 即时与延时复述产出文本中语块使用的比较

语块	仅即时使用	仅延时使用	即时使用与延时复用	语块	仅即时使用	仅延时使用	即时使用与延时复用
earned his living	6	2	17	looking forward to	6	1	4
Despite the fact that	1	0	0	by trade	2	0	3
did his best	6	0	4	let alone	3	1	0
on and on	4	2	3	In desperation	2	0	1
food to eat	3	3	8	got in touch with	0	0	0
Little by little	4	0	2	be no use	0	1	1
lost hope	4	1	2	coming back	0	0	2
came to a decision	1	0	0	took no notice of	0	1	2
had had enough	1	0	0	worst of all	0	0	0
couldn't help but	0	0	0	frightened of	3	1	4
one way or another	1	0	0	full of tears	3	0	4
no longer	1	2	1	On second thoughts	0	0	0

续表

语块	仅即时使用	仅延时使用	即时使用与延时复用	语块	仅即时使用	仅延时使用	即时使用与延时复用
It's now or never	1	1	0	make use of	3	0	0
searched for	4	0	8	In the end	4	0	2
do me a favor	2	0	0	learned a lesson	4	3	11
turn down	5	1	3	make the best of	12	0	7
making this request	3	0	0	rather than	7	2	16
too ... to...	7	1	7				

5.4 讨论

5.4.1 即时复述产出中的语块使用与输入文本的协同

从 5.3.1 的结果可见，即时复述产出中的语块使用受原文本的影响。其中，受试使用目标语块的平均数高达 5.81（中位数=5）。而且，有些语块高频复用（earn his living 和 rather than）。这表明，协同效应不仅仅发生在人际互动中。当输入与产出紧密结合时，学习者与输入文本的互动也会引发协同，并影响后续的复述产出中的语言使用。笔者认为这可能与本研究的设计有关。首先，采用两次连续输入的方法。受试在第一次阅读的时候可以先熟悉文本内容；在第二次的时候则可以在输入加工的过程中关注语言形式。由于人的注意资源是有限的，只有预先满足学习者处理语言意义的条件，他们才能有意识地注意语言现象（Schmidt，1990）。其次，输入文本之前，提示受试阅读故事 2 次之后需要完成复述任务。这必然会导致受试为完成输出任务投入更多的精力，从而给包含目标语块在内的语言现象予以更多关注。第三，与复述产出任务有关。本研究的产出任务只是要求受试复述原文故事,这就减轻了他们考虑内容和组织结构方面的投入。其结果就是,受试有可能在语言层面投入更多精力。尤为关键的是,复述产出与输入文本共享一个情境模式。根据互动协同模式(interactive alignment model),协同体现在情境模式(situation model)层面,也发生在语言表征层面(语音、词汇、句法等),而且一个层面表征的协同促进其他相关层面表征的协同(Pickering & Garrod, 2004)。这就难怪复述产出文本与原文本在语块层面产生协同效应。

5.4.2 延时复述产出中的语块使用与输入文本的协同

从 5.3.2 可知,延时复述产出中的语块使用亦受原文本的影响。其中,受试使用目标语块的平均数仍然高达 3.75(中位数=3.5)。这表明,复述产出文本语块层面的协同行为不仅有即时效应,也能产生延时效应。这同样可以从互动协同模式得到解释。在延时复述产出的时候,情境模式没有变化,还是一样的故事内容,这必然促使受试尽量使用与之协同的语言形式。已有研究也表明,在互动的具体语境中进行意义理解和表达的同时,作为意义载体的语言形式更容易被学习者注意,记忆印象深刻,具备语境再次启动的可能。但不容置疑的是,与即时复述产出中的语块使用相比,延时复述产出中的语块使用呈现出明显下降的趋势。比如,earned his living 和 rather than 两个高频复用语块变成了中频复用语块。出现这种结果可能是因为本研究中的语块层面属于表层形式,其心理表征特别短暂。

5.4.3 即时和延时复述产出在语块层面的协同

从 5.3.3 即时与延时复述产出文本中语块使用的比较结果可知,即时和延时复述产出在语块层面存在着协同。这可以从两方面进行分析。第一,即时复述产中使用过的语块在延时复述产出中的复用率非常高,占延时复述产出总使用频次的 85%。这与已有词汇习得研究的结果一致。王初明

（2005）发现在作文中使用过一次的词语要比未使用过的词语可以比较长时间保存在记忆里，也就是说，只要用过了一次就有可能在随后的任务中继续使用。第二，即使那些只是在即时复述产出中使用的语块也会对延时复述任务产生影响。尽管即时复述产出中使用过的目标语块并没有出现在延时复述中，反而使用了一些不完整甚至是错误的语块。例如，即时复述使用了 learn a lesson，延时复述中使用了像 have a lesson 或 know a lesson 等错误语块。这可能是因为随着时间的推移虽然在记忆里保存了意义，但是原来的语言形式可能发生了遗忘。但仍然可以从中看出语块层面协同起作用的痕迹。

5.5 结论

本研究发现：①二语学习者即时复述产出中的语块使用存在与输入文本的协同；②二语学习者延时复述产出中的语块使用存在与输入文本的协同；③二语学习者即时和延时复述产出在语块层面存在着协同。

上述发现表明协同行为不仅有即时效应，也有延时效应的现象，而且即时效应与延时效应之间也会产生协同。由此可见，本研究结果进一步拓宽了协同效应的研究视域。另外，本研究结果对于二语语块习得也有启示作用。通常而言，学习者似乎根本不会关注由熟悉的单词所构成的语块，这必然在一定程度上造成了习得二语语块的困难。为此，诸如像读后复述这样的读写结合任务或许有一定的促学优势。首先，学习者通过重复接触输入材料才更有可能习得那些地道的语言表达式；其次，输入与产出紧密结合有利于突破学用分离的现象；最后，学习者也可以通过复述产出来注意和评价自己对语言掌握情况。

中国学习者二语语块的习得——显性学习与隐性学习实证研究

6.1 引言

对语块重要性的认识并不是什么新鲜的事情（如 Palmer，1925），但是直到20世纪70年代初期语块研究才真正成为应用语言学研究的热点（如 Ellis，1996；Lewis，1993，1997；Nattinger & DeCarrico，1992；Pawley & Syder，1983；Renouf & Sinclair，1991；Schmitt，2004）。语言学家从各自的研究领域证明了语块在语言学习和使用中的重要作用，其中有认知语言学（Langacher，1987）、母语习得研究（Tomasello，2003）、心理语言学（Wray，2002）、语料库语言学（Sinclair，1991）和口语表达流利性的研究（Pawley & Synder，2000）。

近年来，语块研究已经取得了丰硕的成果，一系列有影响的语块研究方面的专著和论文集相继问世，如 Wray 的两本专著《套语与词汇》(*Formulaic Language and the Lexicon*，2002) 和《程式化语言》(*Formulaic Language*，2008)。随后，约翰·本杰明出版公司推出了两卷本论文集《程式化语言》(*Formulaic Language*，2009)，收录了2007年威斯康星大学密尔沃基分校（UWM）第25届语言学研讨会的会议论文。程式化语言现象为此次会议的主题，所以该书较为全面地反映了当前程式化语言研究的最新成果。另外，另一部标志性的著作《二语习得课堂教学中词块法的优化》(*Optimizing a Lexical Approach to Instructed Second Language Acquisition*) 也在2009年出版了。该书的作者 Boers & Lindstromberg 非常详细、深入地探讨了语块习得和教学的重要性以及在二语课堂中如何进行语块教学的方法。

语块研究已处于"全盛"时期，然而通过考察相关文献，仍可发现语块习得方面的研究甚少。这种现状必然影响语块理论向教学实践的延伸。如何有效地提高二语学习者的语块能力，这是课堂环境下外语教学追求的目标之一，因此，探讨如何提高二语学习者的语块能力具有很大的现实意义，对外语教学实践具有深远的启发。

6.2 相关研究

语块的价值历来就受到应用语言学家和教育专家的重视,他们认为语言是由语块组成的系统,所以语块(chunk)习得被认为是中介语发展的一个有效的途径(王立非等,2006)。依赖于母语习得研究成果,Ellis(2003,2005)认为二语习得的典型路径跟母语习得一样,也是从惯用语句(formula)出发,经过低域模式(low-scope pattern),最后到构式(construction)。在二语习得研究中,有关语块习得的研究不多,尤其是较大岁数的儿童或者成年人在二语习得课堂教学背景下,他们是怎样习得语块仍存在争议,主要表现在为目标语块选择标准的确定、学习的方式的选择和可学性等。

语言中的语块数量众多,课堂教学时间却非常有限,教学和学习哪些语块的问题就显得异常重要。虽然 Lewis(1997)认为最理想的做法就是选择那些最常用的语块,但是对于如何选择却缺乏具有指导性的说明。Boers & Lindstromberg(2009)提出了非常有参考价值的选择目标语块的标准:基于频率(frequency)的有用性(usefulness)和基于稳定性(fixedness)的效用(utility)。然而,令人遗憾的是,他们并没有关注其他的诸多因素,如语义透明性、功能的可实现性、可学性和实际的影响等。

在学习母语的过程中,儿童往往通过接触并注意模仿来习得语块。在二语习得方面,也有足够的证据证明二语语块的习得和母语语块的习得非常相似(Wray,2002),母语儿童(如 Nelson,1973)和二语儿童(如 Wong-Fillmore,1997)都是通过接触来习得语块。这表明成年二语学习者也应该可以(至少在一定程度上)通过这种方式来习得语块。但是没有足够的研究可以说明这种隐性习得是怎样发生的。有些研究人员甚至认为单纯接触语块是不会导致习得发生,这是因为习得发生还有许多别的决定因子,诸如语义基础、凸显性、交际意图和相关性(Slobin,1997)。

显性学习能否导致语块的习得,正如隐性习得的情形一样,也没有得到相关研究的证明。在一次为期 10 周的大学预科学术英语课程中，Jones & Haywood（2004）强调语块的作用，结果发现学习者的语块意识有明显提高，但是在完形填空测试中语块生成能力仅有微弱的进步，写作能力方面没有发生变化。

上述表明二语语块习得推论得多，尚无实证支持。到目前为止，关于显性和隐性两种学习方式对语块习得的效用仍不确定。为此，笔者提出假设，二语学习者在外语课堂中的显性习得目标语块和隐性习得目标语块（背诵）的成效有明显的差异。具体而言，与显性习得相比，隐性习得（通过背诵来记忆）目标语块的做法更能促进目标语块的习得，至少在语块的程序性知识层面上，而且导致这些差异的原因非常复杂。

6.3 实证研究

6.3.1 研究问题的提出

本研究的目的在于检验中国学习者在外语课堂中的显性习得目标语块和隐性习得目标语块（背诵）的成效是否存在明显的差异，具体包括下面三个问题：

（1）在外语课堂中的显性习得目标语块和隐性习得目标语块（背诵）的成效是否存在显著差异？

（2）这种差异表现在语块的陈述性知识层面还是程序性知识层面？

（3）在外语课堂中的显性习得和隐性习得不同的目标语块之间是否也存在一定的差异？

6.3.2 受试

某本科院校外语系开设的英语选修课，对象是该学院各专业的学生。其中的两个自然班的学生参与了本项研究，并随机指定其中一个班为实验组，另一个班为对照组。由于这门课程属于选修课程，受试可以自由决定是否选择这门课程或者哪个班级，所以无论是学习动机还是专业背景等诸多方面，这两个班级的受试基本上没有什么差异。笔者还通过问卷调查了解受试基本的背景情况，如表 6-1 所示：

表 6-1 受试的基本情况

受试人数	平均年龄（岁）	学习英语的时间（年）	专业
实验组（36人）	20.3	10.51	工商管理；计算机科学与技术；商务英语
对照组（50人）	20.6	10.82	广告设计；人力资源管理；行政管理；经济学；法学；日语；市场营销；审计学

6.3.3 研究工具及教学过程

研究中，笔者使用了前、后测和延期引导性作文（参阅表 6-2）。其中，实验组是按照隐性学习方式背诵含有目标语块的段落，而对照组则接受显性课堂教学。如表 6-2 所示，所有受试都参加了前测，包括多项选择题和翻译测试。测试的目的是区别哪些学习者已经具备目标语块的陈述性知识或者程序性知识。然后根据受试的测试成绩，从名单中删除那些已经掌握了目标语块陈述性知识或者程序性知识的学习者。没有被删除的学习者的人数就大大减少了，实验班和对照班的受试都只有 23 名。一个星期以后，对受试进行了与前测类型一致但是题目不一样的后测。两个星期后，还要求学习者完成一篇含有引导性语言的作文。

表 6-2　实验过程

试验阶段	实验组	对照组
前测	2010 年 4 月 9 日，多项选择题和翻译测试	2010 年 4 月 9 日，多项选择题和翻译测试
实施	2012 年 4 月 10 日，课文理解并要求背诵包含目标语块的两个段落	2012 年 4 月 10 日，进行课文教学
后测	2012 年 4 月 16 日，多项选择题和翻译测试	2012 年 4 月 16 日，多项选择题和翻译测试
延期引导性作文	2012 年 4 月 23 日	2012 年 4 月 23 日

实验班实施隐性教学，基本上按照学习者所习惯的课文教学步骤进行：①受试阅读课文内容；②根据课后的问题进行问答练习；③教师根据受试的理解程度以及比较困难的地方进行讲解。在此过程中，无论是课文学习和还是教师的讲解都必须确保学习者的注意力完全聚焦于课文的意义，而不是形式。为了防止受试有意识地识记目标语块，笔者选取了其中的两个段落。其中，第三段不含目标语块。第四段则包含了本实验的三个目标语块：

  Little does he/she know that … 对……了解甚少

  approve of/disapprove of…同意／不同意

  It makes sense that …　……有意义

随后，要求受试背诵那两个段落，并在 30 分钟后进行抽查。结果发现，受试基本上均能达到背诵的要求。两个段落一共有 11 句话，每一句话大约有 3 分钟的时间。

对照组的做法和实验组的做法在课文理解的各个步骤并没有差异。但是在受试理解课文之后，我们立即将学习的焦点集中于目标语块。主要做法是：明确告知受试这些语块的意思；分析这些语块的结构及所隐含的规则，比如说 approve of/disapprove of …后面需要跟上名词，Little does he/she know that ...属于倒装结构，that 后跟名词性主语从句；辅以几个典型的例子；再完成相应的练习。在屏幕上，一般会呈现这些内容：

It makes sense that …

意思：……有意义/……有作用

1. 你学好英语是有用的。

It makes sense that you learn English well.

2. 没有采取行动来反对空气污染是没有意义的。

It did not make sense that no actions had been taken to prevent the air pollution.

6.3.4 收集数据

多项选择题测试（见附件），要求受试从四个选项中选出其中一个正确答案，另外三个为干扰项。由于这部分主要用来检验学习者能否成功地从记忆中检索出目标语块，所以这种对离散语法知识的测试旨在反映出受试在陈述性知识层面上对目标语块的识掌握程度。翻译测试则要求受试将所给的中文提示内容翻译成英文（见附件），这部分旨在检测受试在程序性知识层面上对目标语块的使用情况。为了防止受试有意识选择或者使用目标语块，笔者分别给这两种类型的测试分别增加了两道难度一致但不含目标语块的试题。

6.3.5 数据分析

本章研究二语学习者在外语课堂中的显性习得目标语块和隐性习得目标语块（背诵）的成效及其在不同知识层次上的差异。受试对于目标语块的掌握的程度均以分数的形式体现。无论是前测还是后测，对于那些在多项选择题和翻译部分中出现的干扰性题目都不予以计算。也就是说，前测和后测中的多项选择题和翻译题都只有三道。只要受试做对多项选择题一题，就记作 1 分；如能使用目标语块进行翻译，则认为正确，也是一题记作 1 分。前测和后测中的多项选择题和翻译题最高分都是 3 分。然后利用 SPSS16 统计软件，根据需要研究的问题，分别采用以下统计方法：针对问题 1 与问题 2 采用描述性与独立样本 t 检验（independent-sample t test）；针对问题 3，则采用双向方差分析（Two-Way ANOVA）。

6.4 结果与讨论

6.4.1 前测和后测目标语块不同知识层面上的描述性分析

从表 6-3 中可以看出，实验组和对照组在前测中的多项选择部分和翻译部分的平均分都为零，反映了两组受试都没有掌握目标语块。也就是说，在实验前，无论从目标语块的陈述性知识层面还是程序性知识层面上来看，他们都是处于同样的零起点状态。在后测中，实验组和对照组对目标语块两类知识的成绩均有明显的提高。另外，显性学习的对照组在多项选择题部分的成绩明显好于实验组（实验组的平均分为 2.0870，对照组的平均分为 2.6522）。但是翻译部分的成绩，实验组明显好于对照组，其中实验组的平均分为 2.23，对照组却只有 1.6522。

表 6-3 前测额后侧描述性统计量

测试	前测		后测	
	平均数（M）	标准差（SD）	平均数（M）	标准差（SD）
实验组				
多项选择题	.0000	.0000	2.0870	.73318
翻译	.0000	.0000	2.23	.429
对照组				
多项选择题	.0000	.0000	2.6522	.49698
翻译	.0000	.0000	1.6522	.57277

从上面的数据来看，无论是显性学习环境下还是隐性学习环境下，受试对目标语块的学习均有良好的表现，反映了这两种学习方式都能促进学习者语言习得。但是，受试在不同的知识层面上的成绩差异也说明了这两种学习之间确实存在孰优孰劣之争。

6.4.2 前测和后测目标语块不同知识层面上的独立样本 t 检验

为了考察不同组别的受试在前后测中陈述性知识和程序性知识的增长情况有无统计意义上的差异，我们以组别为自变量进行了独立样本 t 检验分析。表 6-4 的结果表明，尽管实验组和对照组在多项选择题测试与翻译测试中都是处于零起点状态，但是经过采用不同的学习方式以后，两组对目标语块的掌握却出现明显的差异，表现为：多项选择题测试中，t 值是 −3.080，p（0.004）< 0.05，说明对照组的成绩显著好于实验组；翻译测试部分，t 值是 3.799，p（.000）< 0.05，则可断定，实验组的成绩明显优于对照组的成绩。

表 6-4　目标语块不同知识层面上（后测）独立样本 t 检验

组别	平均分	标准差	T 值	显著性
多项选择题				
实验组	2.0870	.73318	−3.080	.004
对照组	2.6522	.49698		
翻译测试				
实验组	2.23	.429	3.799	.000
对照组	1.65	.573		

由此可见，虽然实验组的受试在多项选择题测试中明显弱于对照组的成绩，但是在翻译测试中却反过来超过了对照组的成绩。这个结论证明了显性学习有助于知识的掌握，而隐性学习更加有利于知识的运用。根据 Ellis（2004）的观点，显性学习更能促使学习者注意语言输入中的形式，通过

显性学习，学习者会更有意识地关注序列性语言内部的结构（如 disapprove of + N），并在长期记忆中储存起来。为什么对照组的受试在多项选择题测试中表现出色，原因就在于他们能够更加快速地从记忆中检索出所掌握的语块。相反，实验组通过隐性学习习得目标语块，他们显然更加注重于目标语块的意义，并在上下文语境中把目标语块作为一个不必拆分的整体来记忆和使用，并在翻译测试中取得更出色的成绩。隐性学习的这种特点也反映了 Wray 对语块的看法。她认为语块是"一个具有一定结构、表达一定意义的预制的多词单位，它以整体形式被记忆储存，并在即时交际时被整体提取，而不需要使用语法规则来加工分析的连续或非连续的由词汇构成的语串"（2002：9）。

6.4.3 不同目标语块的差异性分析

为了进一步考察在外语课堂中的显性习得和隐性习得不同的目标语块之间是否也存在一定的差异，我们以组别和语块类型作为两个因素进行了双向方差分析。

表 6-5　不同组别、不同目标语块受试间效应检验

	F 值	显著性（p）	效应值（partial eta-squareed value）
多项选择题			
组别	8.154	.005	.058
语块类型	3.811	.025	.055
组别 * 语块类型	2.364	.098	.035
翻译测试			
组别	6.736	.011	.049
语块类型	11.996	.000	.154
组别 * 语块类型	5.540	.005	.077

表 6-5 显示，组别和语块类型及它们的交互作用对多项选择题和翻译测试的成绩表现出一定的差异，表现为：①采用不同学习方式的组别对目标语块不同层次的知识（多项选择题 $F=8.154$, $p=.005$；翻译测试 $F=6.736$, $p=.011$）的主效应显著；②语块类型对目标语块不同层次的知识（多项选择题 $F=3.811$, $p=.025$；翻译测试 $F=11.996$, $p=.000$）的主效应显著；③组别和语块类型的交互作用对多项选择题和翻译测试的成绩表现出一定的差异，其中对多项选择题不显著（$F=2.364$, $p=.098$）对翻译测试显著（$F=5.540$, $p=.005$）。

从各因素和交互效应的效应值来看，组别与语块类型的交互作用对多项选择题测试成绩的解释力小于组别和语块类型的解释力，且没有显著性效应。组别和语块类型对多项选择题测试成绩都具有显著性效应，而且语块类型的解释力与组别的解释力相差不大。

对于翻译测试，组别、语块类型、和组别与语块类型的交互作用都具有显著性效应。但是它们对翻译测试的解释力存在明显的差异，其中语块类型的解释力远远大于组别和组别与语块类型交互作用的解释力。

下面两幅图可以真实再现显性习得和隐性习得不同的目标语块的复杂性。在多项选择题测试中（见图 6-1），两组受试对不同的语块的成绩呈现不同的趋势，实验组的变化曲线比较陡峭，对照组的变化曲线则比较平缓。两组第一个语块 Little does he/she knows 的成绩是一致的，但是第二个语块和第三个语块的成绩却有着明显的差异，尤其是实验组第二个语块 disapprove of 的成绩最不理想。

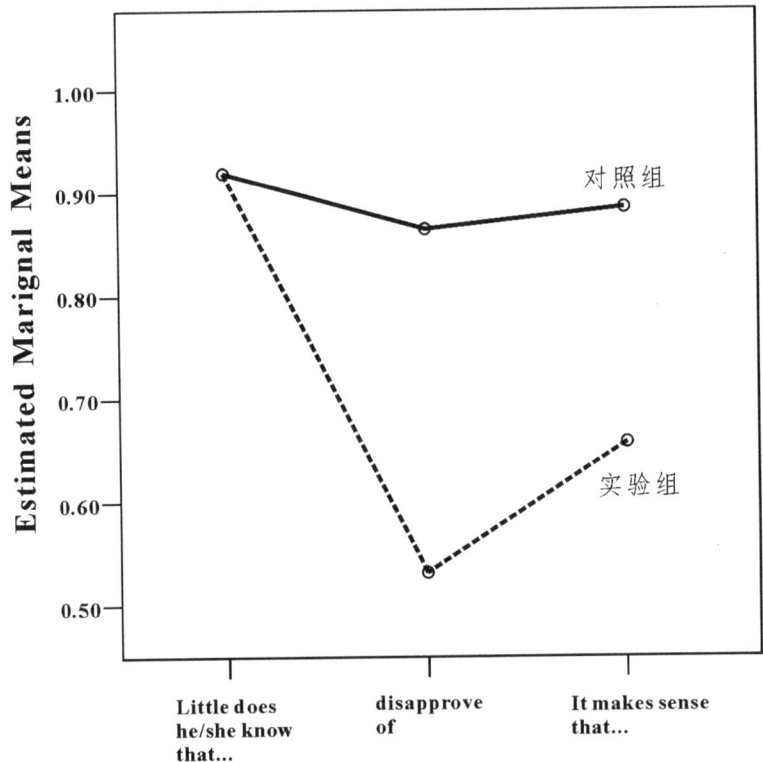

图 6-1 组别和语块类型对多项选择题成绩的交互作用

在翻译测试中，情形又是另一番景象。图 6-2 显示，两条曲线交叉在一起，说明组别和语块类型的交互作用明显存在。实验组对第一个语块和第三个语块的成绩高于对照组，但是第二个语块 disapprove of 稍微低于对照组。实验组在不同语块之间的变化曲线呈现"先降-后升"的趋势，对照组的变化曲线却是连续下降的趋势。

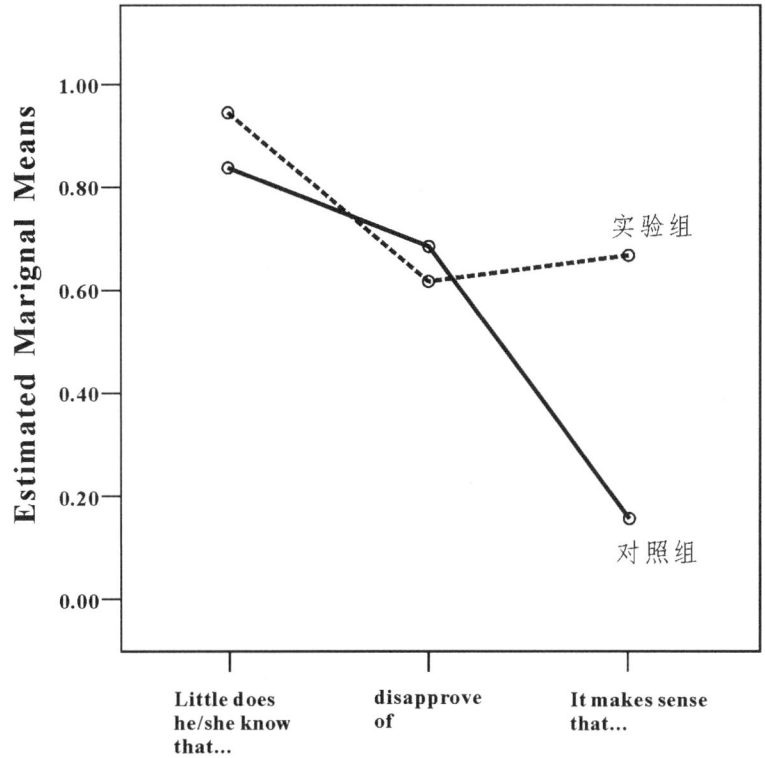

图 6-2 组别和语块类型对翻译成绩的交互作用

上述结果充分表明,在外语课堂中的显性习得和隐性习得不同的目标语块之间不仅存在一定的差异,而且导致这种差异的因素异常复杂。

6.4.4 延期引导性作文

DeKeyser(1998)将知识的不同形态看作技能习得的不同阶段,其中有陈述性知识、程序性知识和自动化知识三个阶段。为了了解受试能否运用所学的目标语块,或者说前两个知识阶段能否实现自动化,本研究在实验两个星期后,要求受试完成一篇含有引导性语言(包含 3 个目标语块)的作文。出乎意料的是,除了极为少数的受试外,两组受试均没有运用目标语块。他们仍然使用那些他们认为比较熟悉、有把握的语言来完成作文。比如第三句"正确了解文凭和知识之间的关系是有作用。"主要是引导学生使用目标语块"It makes sense that …",两组中仅有 3 名受试能够正确使用该语块。绝大部分的受试的答案非常一致，几乎都是都是使用"It is useful that ..."。现摘录一些受试所使用的句子：

受试 1

It is useful to comprehend the relationship between knowledge and diploma.

受试 2

In my opinion, it's useful and necessary to know the relationship between knowledge and diploma correctly.

受试 3

To know the true relationship between diploma and knowledge is very useful.

受试 4

Generally speaking, it's necessary for us to recognize the relationship between knowledge and diploma.

根据受试在引导性作文中使用目标语块的现状，我们可以作出这个结论：语块在写作能力方面的作用没有发生变化。这个结论与 Jones & Haywood（2004）的研究是完全一致的。

6.4.5 访谈材料分析

在研究过程中，不断浮现出各种各样的问题。为了探究这些问题的谜底，本研究还特意就其中最主要的两个问题对受试进行了访谈。

第一个问题：为什么实验组和对照组第一个语块 Little does he/she knows 的成绩是一样的或者相差不大，但是第二个语块和第三个语块的成绩却有着明显的差异？

访谈的实验组受试认为，他们以前就已经学过倒装句的结构。第一个语块就是一个倒装句的结构，所以他们觉得非常熟悉。第二个语块

disapprove of 的意思比较困难，第三个语块 It makes sense that ...则很容易，一看就知道所含的意思。

访谈的对照组的受试也认为第一个语块以前学过，不觉得困难；第二个语块很困难，老师的讲解对他们的理解很有帮助；第三个语块很好理解，但是在使用的时候还是觉得没有信心。

根据访谈的结果，谜底就自然被揭开了。两组受试之所以会出现上面的结果表明语块习得是非常复杂的问题，涉及许多变量，比如熟悉度、难度和语义透明度等。

第二个问题：为什么目标语块的习得对作文没有明显的成效，也就是说，为什么两组受试都不能运用所学的语块呢？

无论是实验组还是对照组的访谈受试，他们都认为自己基本上掌握了所学的目标语块。但是在作文测试的过程中，或许是由于紧张的缘故，很少想到这些目标语块；即使是想到了，他们觉得缺乏安全感，也就不敢使用了；再者，他们还认为使用那些反复使用过的语言非常方便轻松，不必要求深入思考。

由此可见，语块习得还涉及非智力因素，包括自信心、安全感、便利性等诸多因素。如果要想在语块习得方面有所突破，其中最为根本的工作之一或许就是勾勒出语块习得诸多影响因素的全景图。

6.5 结论

6.5.1 通过本次实验，我们可以得出以下结论：

（1）在外语课堂中，无论是的显性学习还是隐性学习对语块习得均有一定的积极影响；

（2）与此同时，这两种学习方式对习得目标语块的成效存在显著差异，具体表现为：显性学习有助于知识的掌握（陈述性知识层面），而隐性学习更加有利于知识的运用（程序性知识层面）。

（3）在外语课堂中的显性习得和隐性习得不同的目标语块之间不仅存在一定的差异，而且导致这种差异的因素异常复杂。语言知识方面的因素有熟悉度、难度、显著性和意义透明度等，非语言/智力因素则包括自信心、安全感、便利性等。

6.5.2 启示

在教学实践中，由于长期受到显性学习的影响，二语学习者掌握了许多语块，却并没有养成使用语块的能力。其中缘由得到了本研究的证实（结论2）。因此，在教学过程中，一方面要在重视二语学习者显性学习的基础上，注重发展他们隐性学习的能力，通过提供大量适合学习者获得有意义输入的活动，比如课外阅读等，自然习得更多的语块；另一方面，由于语块数量众多，应该考量对不同的语块采取不同的学习策略，比较容易的语块（如本研究中的 It makes sense that ...）尽量使用隐性学习的方式；再者，还要关注学习者的非智力因素，克服语言使用的"惰性"，积极尝试使用不同的语块来提高语言表达能力。

尚需指出的是，此次实验持续时间很短，有许多问题涉及不深，即使在实验期间也发现了诸多的问题（语块习得的复杂性等）。所以，本研究仅属于一次尝试，诸多问题反而激起了进一步思考的动力。

PART SEVEN

加工水平与工作记忆容量对二语语块习得的影响——对"加工资源分配模型（TOPRA）"的考察

7.1 引言

无论是母语还是二语,都存在大量的语块(Wray,2002),对语言的使用、加工和习得起着重要作用(如 Wray,2002;Schmitt & Carter,2004;Meunier & Granger,2008)。本章以加工资源分配模型为理论基础,考察加工水平和工作记忆容量两个因素是如何影响二语习得者语块习得的。

7.2 相关理论与研究背景

加工资源分配模型(type of processing-resource allocation model)是 Barcroft(2000,2002)基于二语习得认知研究的信息加工理论(语言输入>语言系统的发展>语言输出)和加工资源有限的构念(the construct of limited processing resource)基础上提出的二语词汇习得理论。该理论认为,在有限心理资源高负荷的条件下,习得效果是由学习与测试中信息加工任务的不同类型决定的。语义加工有助于提高词项语义的习得速度,对词项形式加工具有显著的抑制作用;反之,形式加工有助于词项形式的习得,对词项的语义习得则产生抑制作用。

在提出加工资源分配模型(TOPRA)之后,为了证实这一假设,Barcroft(2002,2003,2004,2006,2009)进行了一系列实验,考察了不同类型的语义加工任务对二语词项习得的影响。例如,Barcroft(2002)比较了三种不同的学习条件:①要求进行语义加工(评定单词的愉悦性);②结构加工(计算单词中的字母数量);③不作加工要求(控制组)。每一位受试都要完成这三种不同的导引任务,随后参加了单词形式的自由回忆、单词意义的自由回忆和线索性回忆三种测验。结果发现,结构加工组的受试对词汇形式的自由回忆成绩好于语义加工组受试;语义加工组的受试对词汇语义的回忆成绩明显好于结构加工组的受试,并随着语义加工强度的增加,受试对词汇形式的习得效果越差。

7 加工水平与工作记忆容量对二语语块习得的影响——对"加工资源分配模型（TOPRA）"的考察

加工资源分配模型将词汇习得过程分成语义加工、形式加工和映射加工三个次加工过程，以及与之对应的对语义的、对形式的和对映射的三种学习类型。不同加工类型所占用的资源能够预测相应学习类型所能占用的加工资源。由于加工资源的有限性，不同学习类型之间必然呈现"竞争效应"。比如，加工类型 A 和 B 的加工资源增加了，学习类型 A 和 B 可利用的资源也相应增加，最终导致学习类型 C 的加工资源减少。很显然，加工资源分配模型通过把语义加工从形式加工过程中分离出来，能够形象地描绘为什么以语义加工为目的的任务并不能有效地促进形式的习得，甚至降低形式习得的效应。这些方面的解释却是加工层次理论（Craik & Lockhart, 1972）和投入量假设（Hulstijn & Laufer, 2001）所欠缺的（李燕, 2008）。由此可知，加工资源分配模型能够更好地预测二语词汇习得的成效，对二语词汇习得过程中的各种现象有更高的解释力。

然而，到目前为止，加工资源分配模型的相关研究比较少，甚至有一些研究出现错误的解释（如岳颖莱等, 2012，详见注释）。因此，亟须探讨以下几个方面的问题。

（1）以往相关研究大都是选择单词为目标词，很少有针对语块习得和记忆的研究。语块作为一种语言现象，具有整体表征、整存整取的特征，已普遍被视为"词素等价物"（Wray, 2008），这是否意味着加工资源分配模型也适用于解释语块的习得情况？Alali & Schmitt（2012）为考察单个词的习得是否与成语的习得存在显著差异的实证研究证实了至少有一些教学单词的方法对语块的教学也是有效的。

（2）人的工作记忆容量、注意容量是有限的（Skehan & Foster, 2001）。如果希望成功地习得词汇、语块等，这些资源必须能够经济合理地得到分配，否则会产生"竞争效应"。加工资源分配模型的一个潜在假设便是人类只有有限的认知加工资源。因此，如何判断一名学习者在完成某一任务时的认知加工资源是否有限，如何对其认知加工资源进行量化，就成为评判该模型存在与否的前提。至今，加工资源分配模型既没有直接考察学习者的工作记忆容量对词汇习得的影响，也没有进行相关的实证研究。

（3）依据 Jiang（2000）的词汇表征和处理模型，在二语词汇发展的最初阶段，二语词汇必须通过母语来与概念建立间接联系。这种独特的形式-语义映射被称为是"一语标示词位的复制"（L1 lemma copying），是"一语标示词位的中介过程"（L1 lemma mediation），以至于语义-形式映射的习得被认为是二语词汇习得最重要的任务之一。据此，加工资源分配模型把词汇习得过程细分为语义加工、形式加工和映射加工三个次加工过程。但是，反观 Barcroft 验证加工资源分配模型的实证研究中，仅仅涉及了语义加工和形式加工及其对语义习得和形式习得的影响。为此，该模型需要进一步探究对映射加工的影响。

本研究拟在加工资源分配模型的基础上，首先考察不同加工水平对语块习得的效应，包含语块语义、形式、形式-语义映射的有意习得的效应；其次，从总体上考察记忆加工容量对语块习得的主效应，以及对语块语义、形式和映射习得的效应；最后，考察语块习得的三个次过程之间是否存在"竞争效应"，以期在理论上对加工资源分配模型作进一步的解释，并在实践上为语块教学等提供一些启示。

7.3 研究问题

本研究主要考察下列三个问题：

（1）不同加工水平对即时语块语义、形式、形式-语义映射的有意习得是否有不同的影响？该问题具体包括三个方面：①与形式加工相比，语义加工是否影响语块语义的即时自由回忆？②与形式加工相比，语义加工是否影响语块形式的即时自由回忆？③与形式加工相比，语义加工是否影响即时语块形式-语义映射的成绩？

（2）工作记忆容量的不同个体差异是否对语块习得具有主效应？是否影响即时语块语义、形式、形式-语义映射的有意习得？

7 加工水平与工作记忆容量对二语语块习得的影响——对"加工资源分配模型（TOPRA）"的考察

（3）工作记忆容量个体差异是否导致语块的语义加工、形式加工和映射加工三个次加工过程之间呈"竞争效应"？

7.4 研究设计

根据上述问题，本研究采用 3×3 被试间两因素实验设计，一个自变量是参照 Barcroft（2002）的实验设计比较了三种不同的学习条件：要求进行语义加工（深加工）、形式加工（浅加工）和不作加工要求（控制组），并考察三种加工水平，语义加工（深加工）、形式加工（浅加工）和不作加工要求；另一个自变量为工作记忆容量个体差异，其三个水平分别为高容量组、中容量组和低容量组。

Jiang（2000）的词汇表征和处理模型揭示了在二语词项习得的初级阶段，二语词项知识不仅涉及对词项形态的记忆和对词项语义的记忆，还包括对形式-语义映射的记忆。因此，本研究的因变量（语块习得）有三个方面的维度：一是对目标语块形式的回忆成绩；二是对目标语块语义的回忆成绩；三是对目标语块的即时形式-语义映射加工的成绩。

7.5 研究方法

7.5.1 被试

本实验从某大学一年级新生中随机抽取了一个自然班 26 人。他们学习英语背景相同，都有 10 年左右的英语学习史，平均年龄为 19.2 岁。高考平均分为 102.95，标准差为 14.20，该班学生基本上属于中级英语学习者。去除残缺样本，实际有效样本人数为 21 人，其中男生 4 人，女生 17 人。他们参加了操作广度工作记忆测试任务（operation span task）。根据工作记忆测试的成绩，受试被分为高、中、低三个工作记忆容量组。通过方差分析，高容量组、中容量组和低容量组的均值分别为：38.71、30.57、20.95，不同组间之间有显著差异（F=28.21，Sig.=0.00＜0.01）。

7.5.2 研究材料和工具

7.5.2.1 研究材料

本实验的语块共有 24 个（参见附件）。选择的标准是受试在实验前没有接触过这些语块，而且构成语块的单词为受试所熟悉，以确保受试学习的焦点集中在语块的形式和意义方面。实验前我们将目标语块和 24 个干扰语块混合在一起，请同年级水平的一个自然班 28 名学生写出这些语块的中文意思，翻译正确一个得一分。统计结果表明，除了干扰语块得分外，目标语块的得分均为 0。由此，可以认定目标语块是符合选择标准的。

本研究目的是要考察三种不同加工条件对语块习得的影响。为此，我们将 24 个目标语块分为三组，每一组分别包含 1 个两词语块，4 个三词语块和 3 个四词语块。为了检验"加工资源分配模型"，本研究采用 Barcroft（2002）加工任务的设计，每一位受试都要接受三种加工方式的学习（见表 7-1）。

表 7-1　不同组别、不同水平的加工任务

加工水平	+语义加工	+形式加工	不作加工要求（控制）
组别	语块 1~8	语块 9~16	语块 17~24

7.5.2.2 程序

本实验分三步进行：

1. 学习前

让受试熟悉不同加工任务的做法。语块 1~8 采用语义加工任务，受试必须看着目标语块，并不断尝试回忆语块的翻译（中文意思）；语块 9~16 为形式加工任务，要求受试看着目标语块的翻译（中文意思），不断尝试回忆英语语块；语块 17~24 为控制组，仅仅要求受试尽量掌握这些语块。每组语块的学习时间均为 3 分钟。另外，现场告诉受试在学习完这些语块后，

需要完成一系列的测试。这样可以激发受试对记忆加工容量足够高的需求。

2. 正式学习

受试按照相应要求学习每组语块。

3. 学习后测试

测试 1：要求受试尽量回忆所学的英语语块（形式），并写在答题纸上，不要求按照顺序。

测试 2：要求受试尽量回忆所学目标语块的一语对等词（中文意思），并写在答题纸上，不要求按照顺序。

测试 3：要求受试根据所给的目标语块写出一语对等词（中文意思）。

以上测试均要求在 10 分钟内完成。

7.5.3 计分标准

所有测试的计分标准参照了 Barcroft（2000）提出的词汇生成计分办法（lexical production scoring protocol-written），并做了修改。无论是英语语块还是一语对等词（中文意思），写对一个得 1 分；没写或者全错得 0 分；仅写对其中一个单词，按其占所在语块总词数的比例分别计分，两词语块为 0.5 分，三词语块为 0.33 分，四词语块为 0.25 分。如有多个单词正确，则在一个单词的基础上进行累加。

7.6 结果与分析

由于本研究旨在考察不同的加工水平和工作记忆容量的不同个体差异对语块的形式、语义和映射的即时效应，故我们分别从三个方面分析：①不同加工条件对语块语义、形式、形式-语义映合的即时有意习得效应；②工作记忆容量的不同个体差异对即时语块习得的主效应以及对语块语义、形式、形式-语义映射的有意习得效应；③语块的语义加工、形式加工和映射加工三个次加工过程之间的"竞争效应"。

7.6.1 加工水平对语块习得效应

不同加工水平的三种处理条件下,以语块语义自由回忆成绩、语块形式自由回忆成绩、形式-语义映射成绩为指标的即时语义、形式和形式-语义映射掌握的平均分和标准差见表 7-2。

表 7-2 不同加工条件的语块语义、形式、映射习得效应

语块习得	加工条件	平均分	标准差
语块语义	语义加工	4.14	1.78
	形式加工	1.54	1.67
	控制组	3.18	1.98
语块形式	语义加工	0.66	.84
	形式加工	4.12	1.88
	控制组	3.84	2.29
形式-语义映射	语义加工	6.12	1.24
	形式加工	2.02	1.61
	控制组	3.91	2.18

7.6.1.1 即时语块语义习得效应

从表 7-2 可知,语义加工条件下语块语义(中文意思)的自由回忆成绩(4.14)高于形式加工条件下的成绩(1.54),也高于不作加工要求条件下的成绩(3.18)。方差分析结果表明,加工水平主效应显著[$F(2,60)=11.06$,$Sig.<0.01$]。各组配对事后多重比较(multiple comparisons)也表明语义加工条件下语块语义自由回忆的成绩与形式加工条件下的成绩之间存在着显著的差异($Sig.=0.00<0.01$),与不作加工要求的控制组之间的差别并不显著($Sig.=0.24>0.01$)。

7.6.1.2 即时语块形式习得效应

在语义加工条件下,语块形式的即时自由回忆成绩(0.66)非常不理

想，远低于形式加工条件下语块形式即时自由回忆成绩（4.12），也比不作加工要求的控制组的成绩（3.84）低（见表7-2）。方差分析结果证实不同加工水平条件下语块形式的习得效应存在显著差异[$F(2, 60)$=24.64，Sig.<0.01]。进一步的各组配对事后多重比较发现，语义加工条件下语块形式自由回忆成绩不仅与形式加工条件下的成绩之间存在着显著的差异（Sig.=0.00<0.01），与不作加工要求的控制组之间也存在着显著的差异（Sig.=0.00<0.01）。

7.6.1.3 即时语块形式-语义映射习得效应

仍见表7-2，语义加工条件下语块形式-语义映射的成绩（6.12）好于形式加工条件下的成绩（2.02），也好于不作加工要求条件下的成绩（3.91）。方差分析结果表明，加工条件主效应显著[$F(2, 60)$=29.90，Sig.<0.01]。各组配对事后多重比较也表明了语义加工条件下语块形式-语义的成绩与形式加工条件下以及不作加工要求的控制组的成绩之间都存在显著的差异（Sig.=0.00<0.01）。

7.6.2 工作记忆容量对语块习得的效应

协方差矩阵齐性中的显著性 $p=0.12>0.05$，这表明了本研究的假设成立，多变量方差分析结果没有疑问。由表7-3可知，工作记忆容量对即时语块习得的主效应显著[$F(8, 102)$=3.61，Sig.=0.00<0.01]，加工条件对即时语块习得的主效应也异常显著[$F(8, 102)$=17.10，Sig.=0.00<0.01]，工作记忆容量与加工水平两个变量的交互效应不显著[$F(16, 156.45)$=1.21，Sig.=0.27>0.01]。据此可以认为这两个变量是影响语块习得的主要因素，并且两者之间相互独立。从净相关Eta平方值来看，工作记忆容量对即时语块习得的解释力不如加工水平的解释力（57%），但也相当高，达到22%。另外，工作记忆容量与加工水平两个变量的交互效应对即时语块习得的解释力达到9%。

表 7-3　多变量检验

效应	Wilks' Lambda 值	F 检验	显著性	净相关 Eta 平方
工作记忆容量	0.61	3.61	0.00	0.22
加工条件	0.18	17.10	0.00	0.57
工作记忆容量 * 加工水平	0.70	1.21	0.27	0.09

从表 7-4 可见，工作记忆容量对即时语块语义（中文意思）自由回忆的成绩、语块形式自由回忆的成绩和形式-语义映射成绩的影响显著[$F(2, 54)=14.68$，Sig.=$0.00<0.01$]。从净相关 Eta 平方值来看，工作记忆容量对语块语义（中文意思）自由回忆成绩的解释力最大（0.35），然后分别是语块形式自由回忆的成绩（0.22）和形式-语义映射成绩（0.16）。

表 7-4　受试间效应项的检验

自变量	因变量	型 III 平方和	平均平方和	F 检验	显著性	净相关 Eta 平方
工作记忆容量	语块语义	66.95	33.48	14.68	0.00	0.35
	语块形式	39.73	19.87	7.78	0.00	0.22
	形式-语义映射	27.68	13.84	5.14	0.00	0.16

7.6.3　工作记忆容量对语块加工过程的效应

从表 7-5 中可见，语义加工过程与形式加工过程之间出现明显的竞争效应。从具体的工作记忆容量组别来看，语义加工过程与语义加工过程之间的对加工资源的需求竞争受到工作记忆容量高低的影响。其中，语义加工过程和形式加工过程对加工资源需求的竞争在高容量组中最为明显（$R^2=0.09$），低容量组中对加工资源需求的竞争较小（$R^2=0.01$），中能量组中对加工资源的需求没有出现竞争效应（$R^2<0.01$）。

语义加工过程与映射加工过程之间没有出现对加工资源需求的竞争效应。两者之间的判定系数均呈高度相关，高、中、低容量组的判定系数分别为 0.51、0.70、0.51。相反，形式加工过程与映射加工过程之间出现明显的竞争效应。无论是高、中、低容量组，形式加工过程与形式-语义映射加工过程呈负相关，判定系数分别为 0.25、0.08、0.06。

表 7-5 不同工作记忆容量组别语块加工过程之间的影响数据表

变量	变量	高容量组		中容量组		低容量组	
		判定系数（R^2）	变量值变化方向	判定系数（R^2）	变量值变化方向	判定系数（R^2）	变量值变化方向
语义加工	形式加工	0.09	−	0.00		0.01	
语义加工	映射加工	0.51	+	0.70	+	0.51	+
形式加工	映射加工	0.25	−	0.08	−	0.06	−

7.7 讨论

由于本研究主要关注加工水平对语块习得和工作记忆容量对语块习得的影响以及通过"竞争效应"的探讨对加工资源分配模型做进一步的考察，所以讨论将从三个方面展开。

7.7.1 加工水平对语块习得的影响

从 7.6.1 节的结果发现：①加工水平对语块语义习得的主效应显著，即通过语义加工（深加工），可以促进对即时语块语义（中文意思）的掌握。这表明对二语语块进行语义加工的有效性。通过对语块进行深加工，的确可以增加学习者对语义学习类型的投入，加深对语块语义的注意，从而留下更深的印象，掌握效率更高，其记忆保持也更好。有许多二语词汇习得的研究已经证实这一观点（Barcroft，2000，2002；Hustijn & Laufer，2001；Newton，1995；Paribakht & Wesche，1997）。如 Hustijn & Laufer（2001）提出了投入量假设，认为不同的任务使学习者进行不同程度的认知加工，可以产生不同的习得效果。语义加工（深加工）对语块语义习得有促进作用，这是与语义加工任务引发的投入量有关，语义加工任务促成的投入指数越大，语块语义习得的可能性就越大，投入量越小，则语块语义习得的可能性就越小。②与形式加工（浅加工）相比，语义加工（深加工）对语块形式的习得产生明显的抑制作用。这个也可以从 Hustijn 和 Laufer（2001）的投入量假设得到解释。认知加工资源总量的有限性必然导致在进行语义加工的同时，形式加工所需要的认知加工资源得不到满足。由于语块的形式没有得到有效加工或者加工水平没有达到一定阈限，语块形式的习得效果就可想而知了。这个可以从 7.6.1.2 节得到印证，语义加工条件下即时语块形式的自由回忆成绩只有 0.66，远低于其他加工条件下习得的结果。③本研究还发现加工条件对语块形式-语义映射加工有显著的主效应，通过语义加工（深加工），可以促进对即时语块形式-语义映射的掌握。其原因十分明显，形式-语义映射加工与语义加工的性质一样，语义加工占用认知加工资源的的大小对形式-语义映射加工所需的认知加工资源具有预测性。也就是说，加工的深度越深（语义加工），形式-语义映射加工也越深，其习得效果也越好；反之，加工的深度越浅（形式加工），形式-语义映射加工也越浅，其习得效果也越差。7.6.3 中表 7-5 中的数据生动地描绘了三种加工类型之间的动态关系。

7.7.2 工作记忆容量对语块习得的影响

从 7.7.1 的分析可知，加工水平对语块习得效果的主效应显著，加工类型对与之匹配的学习类型具有预测性。这个结论证实了 Barcroft（2002）提出来的加工资源分配模型。既然加工资源分配模型是直接建立在人类认知加工资源有限的理论基础之上，那么就很有必要直接考察工作记忆容量的个体差异对词项、语块习得的影响。从 7.6.2 可知，加工水平和工作记忆容量都是影响语块习得成效的因子，其中工作记忆容量的个体差异对即时语块习得的主效应不仅十分显著,对语块习得有很高的解释力,而且对即时语块语义、形式和形式-语义映射习得均具有显著的主效应。其实,工作记忆容量在二语习得中的作用很早就引起了研究者的广泛关注(Service, 1992; Skehan, 1998; Mackey et al., 2010; 金霞, 2012; 易保树等, 2012)。如已有研究表明,语音短时记忆对二语词汇习得有关系(Service & Kohonen, 1995)。这可以从"注意假设"(Schmidt, 1994)得到解释。该假设认为,注意是将输入转化为摄入的必要和充分条件;没有注意,习得就不会发生。由于人类的认知加工资源有限,拥有更多记忆加工容量的人能够用于注意新信息的资源也就越多,故其习得效果也就越好。据此,可以认为加工资源分配模型假设是有理据的。

7.7.3 语块习得加工过程中的"竞争效应"

就加工资源分配模型而言,其发生前提就是认知加工资源的有限性,结合 7.7.2 的分析,我们是否可以进一步推断出:语义加工、形式加工与形式-语义映射加工之间存在着竞争效应?这种对加工资源的竞争是否受工作记忆容量的个体差异的影响?比如,对于高容量组的受试来说,是否因其中央执行器拥有更多可供支配的认知加工资源,可以进行更加合理的资源分配,降低不同加工类型之间对加工资源需求竞争的激烈程度?

从 7.6.3 可知,不同工作记忆容量条件下,不同加工类型之间基本上出现"竞争效应"。如对语块进行深加工,语义加工必然会通过占用更多的资源,从而促进与自身性质一致的任务(语块语义的习得和形式-语义映射的习得),抑制与自身性质相异的任务(语块形式的习得);反之,对语块进行浅加工,形式加工也同样会通过占用更多的资源,从而促进语块形式的习得,抑制语块语义的习得和形式-语义映射的习得。语块习得过程中不同加工类型之间的"竞争效应"充分说明了为什么加工资源分配模型能够合理解释语块习得过程中的各种现象。这与 Nation(2001)的观点是一致的，即词项的习得是非常复杂的过程，不仅涉及词项形式、词项语义、词项搭配和形式-语义映射等多元信息，这些维度还互相影响、互相制约。

从具体的记忆工作容量组别来看，语义加工、形式加工与形式-语义映射加工之间竞争情况较为复杂。从 7.6.3 表 7-5 可知，高容量组语义加工和形式加工之间的竞争负相关判定系数为 9%，低容量组的负相关判定系数仅为 1%，而中容量组没有出现竞争效应。从总体来看各加工过程之间的竞争也并不十分激烈。这可以从影响语块习得的多因素效应来获得解释。从 7.6.2 可知，加工条件对语块习得的解释力高达 57%，大大超过记忆加工容量对语块习得的解释力（22%），另外加工水平与记忆加工容量之间的交互效应也有 9%的解释力。这就说明了为什么不同容量组不同加工类型之间对资源需求的竞争都比较弱，甚至没有出现竞争效应的现象。

本研究的结果也没有出现高容量组的受试，因其拥有更多的认知加工资源可供支配，能够更加经济合理分配资源，不同加工类型之间竞争资源的激烈程度比较小的现象。这可能是因为高容量组的受试拥有较多的认知加工资源，在对语块进行深加工的时候表现更为积极、主动，在习得语块语义的同时，也能够自动地发生形式加工和映射加工，从而造成语义加工和形式加工之间因性质差异而呈现较为激烈的竞争效应。低容量组的受试由于本身的认知加工资源非常有限，有可能从认知加工开始的瞬间就已经发生了对加工资源需求的竞争，但由于他们的认知加工水平整体较低，对加工资源的需求也较低，所以这种竞争并不会过于激烈。至于中容量组的受试，可以这样认为，在对加工资源需求较高的情况下，他们似乎能够将有限的认知加工资源配置给不同的加工过程中，以至于语义加工与形式加工之间对加工资源需求的竞争不明显。

7.8 结论

本研究发现：①在认知加工资源有限的情况下，语义加工（深加工）

7 加工水平与工作记忆容量对二语语块习得的影响——对"加工资源分配模型（TOPRA）"的考察

对语块语义习得和形式-语义映射具有促进作用，并由于占用了对语块形式进行加工的资源，造成对语块形式的抑制作用。这一发现为加工资源分配模型提供了有力佐证。②与加工水平一样，工作记忆容量的个体差异对语块习得起作用，影响着语块语义、形式、形式-语义映射的有意习得。③语块的语义加工、形式加工和映射加工三个次加工过程之间基本上存在着"竞争效应"，并受到工作记忆容量个体差异的影响。

上述结论证明了加工资源分配模型具有很强的理据性和适用性，不仅适用于解释词汇习得的情况，也适用于预测二语语块习得的成效，解释二语语块习得过程中的各种现象。本研究的结果对语块教学也有一定的启示作用：①语块是可以通过有意习得的，并可以通过采取不同的加工方式来实现不同的习得效果。这表明了在语块习得的过程中可以充分发挥教师和学习者的主观能动性，比如说，学习者在教师的指导下对所学目标语块进行深加工处理，能够更好地促进语块形式-语义映射的习得成效；②外语课堂教学、教材和练习设计中应该综合应用不同加工水平的任务来强化语块习得效果；③在具体教学中，还要考虑拥有不同工作记忆容量的学习者之间的个体差异，教给学习者一定的学习策略，比如可以让拥有较高和较低工作记忆容量的学习者在学习的过程中更加合理地配置好资源来获得最佳学习效果；对于工作记忆容量一般的学习者在学习的过程中，可以通过激起一定的竞争效应来提高对语义或形式的注意程度。

PART EIGHT

语块教学法在我国基础教育阶段外语课教学中的可行性研究

8.1 引言

一直以来，我国中小学英语教育被批评为"费时低效"，无法满足国家和社会对于英语人才的需要，也无法满足家长和学生对英语学习的需要。如何改变我国基础教育外语教学的被动局面已经成为教育界乃至每一位国民共同思考的问题。最近三十年来，我国的基础教育外语教学经历了多次改革性发展，先后引入听说法、交际法、任务型教学法，还在21世纪试行推广了两个英语课程标准实验稿。在课程改革不断取得成绩的同时，新的课程也面临着不少争议、困惑和问题。张正东（2004）认为我国中小学立足于用"能做某事"制定英语课程标准是不妥当的。他还指出根据"以言做事"描述目标否定了外语学习中"知识←→技能←→综合运用能力"的发展模式/过程。英语在我国作为一门外语并非母语或二语，在我国中小学的教学条件下难以通过接触而直接学会。

为了适应当今形势，满足我国社会发展对外语人才的大量需求，基础外语教育理应承担起这个社会责任，必须在课程改革的过程中，推陈出新，与时俱进，实现我国基础外语教育质的突破。鉴于此，依据语言教学理论的新发展，通过与基础教育阶段的教育机构合作，对语块理论在基础外语教学中的效用和影响开展实证研究具有深远的实际意义和现实意义。

8.2 研究背景

8.2.1 目前我国基础教育阶段外语教学上普遍存在的典型问题

8.2.1.1 语法和词汇的二分法教学

语法和词汇一直是英语语言教学的两大要素，两者就好比语言的左右手，缺一不可。因此，在基础教育阶段语法和词汇历来都是英语教学的重点。然而，由于受传统观念影响，语法和词汇教学被割裂开来。传统的中学英语教育非常重视语法，基本理念就是：语法是学习语言的基础，只要学好语法,并且打好了这个基础,英语学习就完成了一大半,剩下的就是扩大词汇量的问题了。因此,传统英语教学中,词汇得到的重视程度远远小于语法,以至于人们普遍认为"语法是骨架,词汇是血肉"——骨架没有构建好是万万不行的,至于血肉,人们似乎并不在乎。其实,语法和词汇是"皮之不存,毛将焉附"的依附关系。语法教学离不开词汇,词汇想要获得含义也离不开语法。语言是一个有机整体,在实际语言应用中,语法和词汇是不可分的。然而在日常的教学中,许多英语教师为了方便教学往往把语法和词汇分离开来教学。长期的教学实践证明了这种做法确实存在种种弊端,最起码是妨碍了学生外语语感的形成。让学生花大量的时间去背英语单词、机械地学习语法知识,这必然会使学生对英语学习产生厌倦感。因此,探索如何将两者有机结合起来,充分利用两者相互促进的关系来帮助学生更好地掌握语法和词汇,并培养对语言整体感觉的做法正是当前语言教学的一大趋势。

8.2.1.2 英语学习中的汉语思维

首先,在词汇教学中英汉意思对等现象尤为突出。教师习惯性地要求学生按单词表列出来的中文意思来识记单词,并按汉英互译的方式检查学生对单词的记忆。在衡量学生是否掌握一个单词时,教师通常看的是学生能否说出或写出相应的中文意思。这种单调枯燥的词汇教学往往误导学生对语言学习的看法,认为学好英语就是按单词表背熟单词。然而,学生在背单词时也会遇到很多无奈和困惑。例如,在记 account 这个单词时他们几乎无从入手,因为在单词表中这个单词含有多种中文意思。比如说,作动词时,account 意为"认为;说明;总共有";作名词时,则意为"说明;理由;计算;账目"。他们还会觉得这个单词的意思太抽象了。此外,在我国,学生在学英语的基础阶段,甚至更长的阶段,一方面由于已习得和掌握了汉语;另一方面又由于对英语规则和现象了解得不多,每碰到一种新的规则或现象时,他们便会自觉或不自觉地用汉语来对比衡量。归纳起来,造成学生形成这种习惯的深层原因就是学生没有形成结合具体语境来理解和表达意思的意识。一般而言，英汉两种语言中相同的现象学生易于掌握，而与汉语不同的，尤其是相似而又有区别的现象，学生就显得难以掌握或掌握不准。例如，把"交通拥挤"误译为"The traffic is crowded"，实际表述是"The traffic is heavy"；将"给你"误译为"Give you"，实际上是"Here you are"。类似的例子多不胜数，甚至有时候只能从汉语思维的角度才能看懂学生的英语作文。因此，针对学生在初学阶段倾向于利用汉语来学英语的这一特点，教师要有意识地引导学生对汉英进行比较，找出它们之间的异同点，特别是要引导学生结合具体的语境来领悟语言的语用功能，设法排除汉语干扰，使他们在基础阶段逐渐养成一种良好的学英语的习惯。

8.2.1.3 忽视记忆的组块效应

众所周知，学好英语需要大量识记单词，积累词汇。于是，很多教师在教学过程中强迫学生死记硬背单词，甚至规定学生每天要背多少个单词。他们认为，一天背十个，十天就是一百个，如此一来，一年下来学生就能把高中所有要求牢记的单词都背下来。这听起来既经济又划算，但词汇积累并不是数学计算那么简单。其实，人类的记忆是一个复杂的心理过程。

心理学认为，人类的记忆分为两种：短时记忆和长期记忆。前者是指记忆的内容在记忆系统中暂时保留，而后者是指记忆内容在记忆系统中保留的时间超过十天，甚至终身保留，同时，短时记忆可以转化成长期记忆。无可否认，人类的记忆是反复循环的——记忆的时间越多记忆效果就越好。然而，在实际的英语教学中教师没有抓住短时记忆的特点，只是一味要求学生机械地按中文字面意思记单词、背语法规则，把学生当成记忆机器，根本没有引导他们进行科学记忆，无形中增加了学生的记忆负担。研究表明，人们短时记忆的容量大约为 7 ± 2 个信息单位，这 7 ± 2 个单位可以是 7 ± 2 个单词，可以是 7 ± 2 个词组，也可以是 7 ± 2 个句子。也就是说，如果不复习，人对感知的信息只能记住 5 至 9 个没有联系的单位。虽然短时记忆容量小，但我们可以借助自己的已有知识和经验，让这些单位之间发生有意义的联系，将大量可用的信息组成少量的"块"，这样，记忆广度将大大增加。然而，如果我们在学习英语词汇时，总是以单词为记忆单位，而不是以词组、句子甚至句型为记忆单位，人们的短时记忆资源就会长期得不到充分的运用而造成浪费。学生即使通过短时记忆记住了单词的中文意思，但没有真正掌握单词的具体含义。例如，英语抽象名词往往需要与其他单词搭配才能领会其确切意思。可见，对单词理解不透而没有产生形象的联想也不能形成长期记忆。事实上，尽管有些教师重视短期记忆和长期记忆的作用，但是在课堂上终究没有充分引导学生按照组块记忆规律对语言知识进行有效记忆，教学效果亦不尽如人意。总的来说，由于教师在教学中没有注意到要培养学生按记忆规律进行语言学习的意识，久而久之，学生形成了千篇一律以机械记忆为主的记忆习惯，这使到他们花了大量的时间和精力去学英语，结果却不尽如人意。难怪很多学生抱怨英语难学！

8.2.2 语块与语块教学的文献综述

8.2.2.1 语块的概念和分类

1975 年，Becker 提出了语言组块这样一个概念。他认为语言组块就是以整体形式储存在大脑中的一串词，可以整体或稍作改动后作为预制组块供学习者提取和使用，并用特殊语块（idiosyncratic chunks）和预制语块（prefabricated language）这样的术语来描述这一语言现象。不同的研究人员也根据自己的不同研究角度对这一语言现象运用不同的术语进行描述，如 Krashen & Scarcella（1978）把语块看成半固定式的短语（semi-fixed patterns）；Pawley&Syder（1983）认为是词汇句干（lexicalized sentence stems）；Natting & DeCarrico（1992）将其称为语块（chunks of language），指的是使用频率高、接受程度广的短语；而 Lewis（1993）则认为语块是词汇组块，简称词块（lexical chunks）。除此之外，在多种有关二语习得的研究文献中，类似的术语还有很多，如：预制短语（prefabricated phrases）、词汇化短语（lexicalized chunks）、词汇化句干（lexicalized sentence stem）、程式化话语或套语（formulaic utterance）等等。Lewis（1993）在 *The Lexical Approach* 一书中指出，构成语言的核心和习得语言的核心都是以词块为基础的词汇。所谓词块是指固定的或半固定的程式化了的语言结构。而语言是由有意义的词块构成的，把词块通过一定的规则整合到一起就可以生成有意义的句子。事实上，对于语块的概念，不同的学者根据不同的标准给出不同的解析，其中影响比较大的定义是由 Wray（2002）提出，即"一串预制的连贯或者不连贯的词或其他意义成分，它整体储存在记忆中，使用时直接提取、无需语法生成和分析"。

从不同的角度出发，语块也有不同的分类方法。比较有代表性有以下几种：

Natinger & DeCarrior（1992）把语块分为四类：

（1）多词语块（poly-words）：指固定的多词组合，如：in fact，by the way，as a result，take part in，for the time being 等，也就是我们平时说的固定短语。另外，有些多词语块是符合语法规则的，而有些则是不符合语法规则的。

（2）短语架构语块（phrasal constraints）：指由固定词语构成的短语框架，如：_____（ two years）later/ago，see you _____（soon/later/tomorrow），as far as _____ （I know/can tell）等。在这一类语块中，语块的空格处可以填入同一词类（如都是名词）并具有聚合关系的词语。

（3）俗语语块（institutionalized expressions）：指格言、谚语、客套话等，如："How do you do?""Long time no see.""A watched pot never boils.""Do in Rome as Romans do." 等。大多数俗语语块符合语法规则。

（4）句子构建语块（sentence builders）：指句子构句模型，如："I think that …""It's said that …""Let's begin with …""If I were …，I would …"等。这一类语块中，语块的空格处被填入合适的从句、词语后，就构成了

一个相对完整的句子。

Lewis（1997）从结构和功能上把词块划分得更为清晰，涉及的范围更广。他把语块分为四类：

（1）复合词和聚合词（complex words and polywords），如 very good，thanks a lot，in a word 等。在表达中，这类语块可以作为整体来对待，是学习者需熟记的基本词汇。

（2）高频搭配组合（high frequency collocations），如 have a walk，take one's time，thanks for inviting/helping me 等，它们是自然言语中频繁出现的词汇组合，了解这些搭配是准确自然地表达信息的基础。

（3）固定表达（fixed expressions），如 Good morning，You're welcome，Can you tell me how to get to ...? Where there is a will，there is a way.

（4）半固定表达（semi-fixed expressions），如 strike the iron while it is hot，dream come true，It's you who/that help me out.词汇组块形式从完全固定的表达到半固定表达构成一个连续统一体。

综上所述，语块是语言体系中一种具有特定语义和结构，以固定或半固定形式存在的词语组合，如：短语、固定搭配、习惯用语和句子框架结构。笔者（2010）结合语块形式与功能的特点，对语块作出这样的解释：语块是那些在结构上具有相对稳定性，形式上具有整体性和语义上具有约定性且融合了语法、语义和语境的优势，能够真实再现自然语言的语言单位或结构。由此可见，语块是语法、语义和语用功能的统一体；由于其形式相对固定，作为整体储存和使用倾向于程式化，体现了形式与意义密切相关，词汇与句法共选的特性。有人干脆把语块简称为"语法化的词汇""集成化词汇"等。从某种角度来看，"语言大厦"是由一块一块的"合成材料"有机组合而成。因此，基于语块的外语教学实际上是将结构主义语言学家眼里分别进行的词汇教学和语法教学进行了一定的整合，试图解决词汇与语法分开教而导致的学生在语言输入和输出过程中自己将它们进行整合时而出现的各种问题，如表达时出现的不符合英语习惯或由于母语负迁移而导致的各种错误或失误等（吕良环，2012）。

8.2.3 语块的特征分析

8.2.3.1 语块形式的稳固性与可变性

如上所述，语块是语言中的词汇语法单位，它是以整体形式学到并保持在长期记忆中的范例，包括人们常说的公式语和句型，具有较固定的语法结构限制，稳定的搭配意义。姚玉琴（2008：15）把语块的稳固性和可变性特征归纳为：①聚合词语形式不变，具有独立词项运用的自由；②搭配语是在规定的结构上填入词语，虽具有可变性，但这种可变性受语法结构和语境的制约；③约定俗成的表达形式中的谚语、警句和社交公式语都属于形式固定的规范用语，同时，他们使用的语境场合有限制，说明此类表达方式的规范性与语境稳定性的基本匹配性。如：throw the baby out with the bath water 可用于下列语境：A：I don't like the internet because it's not safe. B：That's really a problem. But anyway we shouldn't throw the baby out with the bath water.（A：我不喜欢网络因为它不安全。B：那确实是一个问题，但不管怎样我们不能在去其糟粕的同时，也丢掉了精华。）又如：You didn't take the pill because it was bitter. You just threw the baby out with the bath water.（你不服此药是因为它苦，你太不明智了。）语块 throw the baby out with the bath water 在两个句子中形式不变，使用的语境场合也受限制，只用在把不想要或不需要的东西扔掉的同时，也愚蠢地抛弃了价值的意见、计划等场合语境较稳定并且匹配性强。④句子构句模型突出特点之一是为句子构造提供框架结构，可根据需要填入相应的词语或从句，具有较强的可变性。例如，It's +*adj.*+ of sb to do sth. 和 It's +*adj.*+ for sb to do sth. 都属于句子构句模型语块，前者中的形容词一般为描写人的品质、特点等的形容词，而后者的就不是这类形容词了。如："It's kind of you to help me." 和 "It's necessary for you to learn English"。不过，相对于内容的可变性，预制语块更多的是形式的固定性和稳定性，使人们把它当作一个整体对待，并运用句法规则来分析。

8.2.3.2 语块的语义信息的丰富性与语境信息的基本匹配性

语块介于传统的语法和词汇概念两极之间，由两个或两个以上的单词组成，是一个完整的词汇与语法单位。语块是形式与功能相对应的组合，就语用功能来说更趋于稳定，因为有了更强的语境制约。例如 on one's feet 可用于下列语境：一位医生对某病人说"This medicine will soon have you back on your feet."（这药很快会使你康复的）；一位太太在谈到她的邻居李先生时说 "After his wife's death it took him two years to get back on his feet." （他妻子死后两年，他才振作起来）。它所运用的语境显而易见：患病或遭受挫折后完全复原或振作。on one's feet 由三个单词组成，其寓含的语义内涵却丰富、形象，因而更易为人所接受。

语块的范例性与可变性特征在一定的程度上决定了语义信息的丰富性与语境信息的基本匹配性。同时，正因为语义信息的丰富性，公式化的语块才有了范例性的特征，成为人们学习的好范例，其公式性和范例性又使得它具有相对稳定的语用功能和相对制约的语境——对应关系，即语境信息的基本匹配性。此外，正因为其语义可变性特征在一定程度上决定了语义信息的丰富性。当然相对于其可变性而言，语块更多的是形式的固定性、语用的稳定性和语境的限制性、匹配性。

8.2.3.3 语块的提取效应优势

心理词汇是心理语言学家考察词汇和意义关系时所用的术语，如人们怎样在记忆里保存词语、怎样辨认和提取词语、怎样理解词语等。词汇提取是激活词汇知识的过程，影响心理词汇提取的因素主要是词频、词义和语境（桂诗春，2010）。例如，词频高的词即常用词容易被提取。语块是保存在长时记忆中的范例，包括人们常说的套用语和句型等，因此在较大程度上属于高频词，套用语与句型在兼带语音属性的同时，更富含语义属性和语境信息匹配属性,这就使得人们无须花费很多知觉努力就能获得较多的知觉信息。与此同时,语块的语义的信息丰富性和语境信息的匹配性决定了它的语义联系的丰富性和语义范畴搜索空间的收窄,其语境基本匹配性决定了与语境信息的形象性联系较容易使人快速引起回忆。

语境指的是言语的上下文语言环境,它可以促进词语的辨认,解决词语的歧义。大量的研究表明:语境在任何时候都能更快更准地激活歧义词在语境中的恰当含义;当遇到多义词和同音词时,词的多个意思都被同时短暂激活,但上下文能够很快决定其中的一个意义。语块语义信息的丰富性和语境信息的匹配性加上它的范例性特征决定了语块一般不存在歧义性,它总会在一定的语境中出现相关的语义信息且为人所熟知,已成为公式性语言的语块具有较强的语境效应。

8.2.4 目前国内外语块教学研究的现状和趋势

近年来,国内外第二语言习得、心理语言学和认知语言学(构式语法)研究领域都非常关注语块在语言习得过程中的作用。Nattinger & DeCarrico(1992)就指出,儿童通过习得预制语块习得语言,特别在早期阶段。当儿童使用"What is this?"时,他们可能把这3个词当作一个不可拆分的单位来记忆和使用,他们用"This is a…"来回答时,也是把"This is a…"当作一个单位来使用。同样还有"give me""This is mine""I wanna go"等,儿童在反复和成功地使用了某些相同的模式后,就从中概括出一些语块的构造规则,从而形成语法能力(王立非、张大凤,2006)。

许多语言学家对语块在语言学习过程中的作用也进行了大量的研究。Ellis(1996)、Lewis(1993)、Nattinger & DeCarrico(1992)、Pawley & Syder(1983)、Renouf & Sinclair(1991)和Schmitt(2004)先后通过发表相关的论文或著作来说明语块在语言教学中的理据性,也有很多语言学家从各自的研究领域证明了语块在语言使用中的重要作用,其中有认知语言学

（Langacher 1987）、母语习得研究（Tomasello，2003）、心理语言学（Wray，2002）、语料库语言学（Sinclair，1991）和口语表达流利性的研究（Pawley & Synder，2000）。尤其是到了 1993 年，语言学家 Michael Lewis 在其专著中明确提出了"词汇法"，从而使语块理论成为一股新兴的语言教学理论。

在国外关于语块方面相关研究的影响下，国内学者除了积极引入和介绍语块理论，更多的是从应用语言学、认知语言学和语料库语言学等角度出发对语块在外语教学中的运用和作用进行了广泛深入的研究和探讨。根据中国期刊网（CNKI）的检索数据，从 1999 年至 2010 年，这 12 年间，国内 12 种外语类重要学术期刊上发表的关于语块研究的论文数量达到 42 篇，内容涉及语块的重要性、语块知识在外语教学中的应用、中国学习者使用语块的特点和语块习得模式等。

关于语块的重要性方面，杨玉晨（1999）探讨了语言"板块"结构的语用功能和分类，认为进行"板块"结构教学，给学生提供那个语言基本"板块"结构，可以避免语域使用不当和词汇选择错误，使学生在使用中获得语言运用的自信，并提高他们的语言流利程度。沈敏瑜（1999）提出词汇法就是一种新的语言教学路子，吴静和王瑞东（2002）也认为词块作为英语词汇教学单位具有其他教学法所不能比拟的优势，提倡建立以词块教学为纽带的词块教学法。

在外语教学中应用的方面，国内普遍认同语块在语言教学中具有重要意义，并对语块在外语教学中的应用进行了众多研究。这些研究涉及外语教学的各个方面，有的说明了语块在外语教学中的可行性和意义，有的通过实验分析结果，提出一些具体的教学操作措施。丁言仁、戚炎（2005）的研究表明：与语法知识相比，语块知识对写作成绩具有更强的预测力。他们认为适当运用语块将有助于增加写作的流利性、提高语言表达的地道性和生动性以及培养语篇组织能力。陈伟平（2008）以及郭晓英和毛红梅（2010）分别进行了相关的实证研究，他们的研究都证明了语块能够促进学生的语言表达能力。刘加英（2006）发现语块在语言交集中大量存在，是语言结构的核心。在口语教学中运用词块法，符合口语的特征，有助于学生了解语篇结构、口语规则，提高口语表达的流利性和准确性。毛澄怡（2008）的研究结果表明，语块的使用频率同会话的流利程度呈中度正相关，也就是，说话者的语块使用越多，其话语的流利程度就越高。卫乃兴（2007）在基于语料库数据驱动的研究中描述了中国学习者口语的语块性特征。戚炎（2010）采用跟踪研究的方法，从语块使用变化的流利性、准确性和多样性分析口头独白中的语块的使用情况，揭示了二语语块的变化规律和发展趋势。原萍和郭粉绒（2010）的关于语块与二语口语流利性的相关性研究和陈艳和赵倩倩（2010）的关于语块习得与口语交际能力的相关性研究都为语块在口语交际能力和口语流利性发展中的作用提供了实证证据。肖福寿（2000）提出在用词型法进行词汇教学。词型也就是一种语块。他指出，用词型法进行词汇教学可以增强学生的学习动机，提高课堂参与的积极性。严维华（2003）认为语块有助于学习者尽量避免使用中介语、提高他们语言使用时接近本族语的流利程度和选词地道性以及提高他们的语用能力。段士平（2007）认为恰当运用语块有助于提高语言交际的流利性和选词的地道性，可以有效克服词汇深度习得过程的出现"高原现象"。袁卓喜（2009）提出语块是翻译过程中一种常被当作翻译单位的语言单位，并认为语块储备及语块知识不仅可以帮助译者进行无标记翻译，实现翻译的流利性和准确性，而且可以为译者提供更大的处理有标记翻译所需的大脑信息处理空间。

关于中国学习者使用语块的特点方面，刁琳琳（2004）进行了一项较大规模的实证性调查，结合定性和定量分析探讨了语块能力与语言能力的关系，其结果表明语块能力与语言综合能力及其具体语言技能之间均具有显著的正相关。王立非等（2006）运用 SWECCL 语料库的作文子库研究中国大学生英语议论文中语块的使用特点，结果表明了中国学生写作中使用语块的种类较少，存在过度使用三词语块现象，而且中国学生使用语块具有口语化倾向，使用主、被动句构建语块与本族语者相比存在差异。张霞

（2010）通过设计一套语块抽取和赋码方案，调查和分析了中国高级英语学习者语块使用情况。研究发现，学习者和本族语者使用的语块及其功能具有显著差异，不同功能的语块具有不同的句中位置分布偏好。总体说来，了解中国学习者的语块使用的特点和问题对我国外语教学实践提供了更为具体的启示。

关于语块习得模式方面，学界对语块在二语写作及教学中的运用和作用进行了深入研究的同时，也开始关注如何帮助学生掌握和提高二语语块知识。基于频率效应的相关理论和研究，赵继政（2008）通过对背诵前后学习者语言输出的语料进行分析，发现背诵对学习者语块习得具有一定作用，但是只限于在引导性语境中。盖淑华（2010）以 Vygotsky 的"最近发展区"理论为指导，进行为期一年的教学实验，最后经过统计分析，发现学生的语块习得能力得到显著提高。屈典宁等（2010）提出基于语料库的 DPP 语块习得模式，该模式分为三个步骤：第一阶段为课前发现式自主学习（discovery），第二阶段为课堂展示（presentation），第三阶段是产出式词汇操练（production）。实验结果表明基于语料库的 DPP 语块习得模式比传统的词汇教学模式更能帮助学习者提高从语料中概括并内化短语的能力，同时培养他们从语料中发现和归纳短语的意识，提高他们的词汇自主学习能力。

综上所述，国内学界紧随国外相关的研究并结合国内实际情况，无论在研究内容、研究方法还是在外语教学中运用的实证研究都取得了丰硕的研究成果。然而这些研究仍然存在诸多问题，尤其是研究对象出现严重的单一化，几乎全部都是以大学阶段学生为主。语块是人类语言中大量存在的语言现象，而且这种语言特征应该体现在语言习得的每一个阶段。国内研究对象的单一取向不利于语块研究全景的构建。因此，语块研究的未来趋势必将走向纵深方向发展，而且也必将与实践更紧密地结合起来，包括语块教学大纲的编制和语块教学模式的构建，进而指导我国基础教育阶段外语教学工作。

8.3 语块教学法在我国基础教育阶段外语课教学中的运用

8.3.1 语块教学法的引入

Widdowson（1989）就曾指出以往语言教学有两个极端：结构法注重语法规则却忽视语言在具体语境中的运用；而交际法则相反，过于注重语言在语境中的运用。这种现状迫使人们开始反思语言的本质是什么，应该怎样学习和教学语言等问题。传统的语言教学观认为语言是词汇化的语法，即语言被视为词汇通过一定的语法规则而生成。然而语言学尤其是语料库语言学的研究结果揭示自然语言中存在着大量的兼有句法和词汇特征的固定或半固定的语言结构，这些模式化的结构以整体形式储存于大脑，构成了英语中最基本的语言单位。这一语言现象引起了语言学家的关注，传统的语言观受到挑战。越来越多的研究者意识到"语言产出更多的不是一个受制于句法规则的过程，而是从记忆中提取短语单位的过程。" Michael Lewis（1993）提出：语言不是由词汇化的语法而是由语法化的词汇组成，语言习得的一个重要部分是理解和产出作为不可分析的整体语块的能力。以他为代表的语言学家纷纷倡导将语块应用于语言教学，以提高学习者的语言水平。语块教学法基本理念就是以语块为教学单元进行课堂教学，以语块为教学单元开展各种教学任务，包括语言各技能的学习、训练和提高。目前，语块教学的优势已经逐渐为人们所认可，并俨然成为国内外现代英语教学和研究的一个热点领域（Timmis，2008；段士平，2008；黄燕 王海啸，2011），在英语教学中探索如何有效改善目前英语教学耗时多收效少的局面打开另一扇门。

8.3.2 主要研究思路

本研究坚持理论研究与教学实践相结合的原则，全面开展语块教学模式的实验研究，在充分论证该教学模式的科学性和可应用性的基础上，探求语块教学的操作便利性以便更大范围进行推广。同时，就如何有效地进行语言教学，建立语言教学新模式方面，本研究将还原语言的真实面貌，依据语言的本质特征—语块性，打破将词汇和语法进行截然二分的传统做法，将重心放在具有一定生成性的语块上，培养并发展学习者的套语体系。

如何在更大的层面上探讨语块理论在英语教学中的可行性和实效性？为此，本实验研究主要回答三个问题：

（1）语块教学法的实施是否有利于提高学生的语块能力？

（2）与传统教学模式相比，语块教学法是否能更有效地提高学生英语综合语言能力？对哪一种语言技能（听、说、读、写、译）更为有效？

（3）学习者的学习习惯、方法、策略是否发生了变化？

8.3.3 本研究拟突破的重点和难点

由于受长期的传统外语教学模式的影响，现在的外语教学通常偏向于语言知识的讲解和识记，所以本课题的重点，也是难点，其中之一就是在教法上如何突破将词汇和语法进行截然二分的传统做法，将重心放在具有一定生成性的语块上，培养并发展学习者的套语体系；另一个重、难点就是"应试"的问题。由于我国的特殊国情，考试成了一个不可避免的话题，尤其是在高考指挥棒的作用下，考试成绩成为考验教学水平高低和教学质量好坏的衡量标准。目前我国基础教育阶段外语教学一直处于不理想的状态，其实在很大程度上应该归因于语言知识化的缘故。有专家认为，基于行为主义和结构主义理论的结构教学法割裂语言形式与语言意义及功能的联系，其结果就是学习者通常花费好多时间学习英语，也通常知道很多的语法规则，却仍旧不能有效地运用语言。

8.3.4 本课题研究的意义

20世纪，多数语言学家受到结构主义的束缚，离开语言的实际运用而孤立地去研究语言，把语言看成是一个高度系统化、按语法词汇规则组合的独立体系。同样受结构主义的影响，传统教学法过分强调句法和时态，词汇只是被嵌入语法模式中，语法教学一度成为课堂教学的主要任务。但是我们的教学实践充分表明：语言学习者尽管掌握了语法规则和词汇以后，并不能创造性地使用语言。而一度被认为人们所推崇的交际教学法似乎又走向了另一个极端，强调语言的意义和交际功能，强调通过语言的运用来发展学习者的语言能力，而忽视语言的准确性，这必然不利于学习者语言学习的进一步发展。

我们要从问题的根源出发寻找解决问题的路径。本课题的研究目标就是希望通过建立以语块为教学单元的语块教学法，探索出一条切实可行的、有效提高我国基础教育阶段学生英语综合应用能力的新路子，以期改变目前我国外语教学整体效率低下的现状。通过与语块理论相结合，推动外语教学改革，实现外语课程教学更加合理、更加科学和更加高效。我们着力于在我国基础英语教学阶段开展实证性研究，充分论证语块教学模式的可行性和实效性，并最终完善并达到可推广的程度。因此，本研究依据语言教学理论的新发展，探讨语块理论在基础外语教育中的效用和影响。

8.4 实证研究

8.4.1 实验设计

本实验设想：在实验组开展语块教学，也就是说，从日常的课文学习、词汇积累、句子结构分析到学生的练习操练等各方面都从语块角度入手，强调语块的运用，逐步培养学生的语块意识并形成良好的学习习惯；而在对照组中，依旧采用传统的教学模式，如跟读单词，讲解新单词，用单词造句或英汉互译等课堂活动，在课文学习时，让学生阅读课文，回答有关课文问题，教师就学生不理解的难点进行讲解。总之，在对照组一直没有

引入语块概念。在授课时间完全相同的情况下进行为期一学年的教学实验,主要回答以下三个问题:

（1）语块教学法的实施是否有利于提高学生的语块能力?

（2）与传统教学模式相比,语块教学法是否能更有效地提高学生英语综合语言能力?对哪一种语言技能（听、说、读、写、译）更为有效?

（3）学习者的学习习惯、方法、策略是否发生了变化?

8.4.2 实验对象

结合实际情况,本教学实验是在实证研究的成员所任教的广东省某中学 2016 级高一（1）和（2）班进行。高一（1）班 51 人,其中男生 26 人,女生 25 人;高一（2）班 52 人,其中男生 28 人,女生 24 人,两个都是平行班。中考入学成绩分别是 97.2 分和 96.8 分（总分 150 分）,实验从高一入学开始一直到学年结束,为期一年。实验选定高一（1）班为对照组,运用传统教学模开展日常教学,而高一（2）班为实验组,实施语块教学。在实验过程中暂不考虑性别因素。

8.4.3 实验材料

实验组和对照组使用同样的教材,都是人民教育出版社出版英语模块一至四,配套资料为广州教育出版社出版的《名师指津》①至④及年级统一自编的学案;教学进度保持一致,每周七节课,基本上每两周完成一个单元的学习。

8.4.4 研究工具

8.4.4.1 语块能力的测试

本实验研究使用的数据主要来源于改编自 Paribakht & Wesche（1997）的词汇知识衡量等级（vocabulary knowledge scale,VKS）的语块能力测试。

这一测量工具使用五个等级将自述与所表现的语言能力结合起来，得出受试对各个词汇或语块的掌握程度。五个等级从对一个语块的完全不认识到能识别出该语块，再到知道其释义，再到能使用该语块，做到语义上和语法上都正确。该量表前三个层次测试语块的接受性知识，后两个层次是产出性知识，体现了以学习者为中心的语块能力测试模式。自述等级和评分标准如下（具体测试语块见附录）：

表 8-1　词汇知识自述等级和评分标准

1 分=我从未见过这个语块
2 分=我以前见过这个语块，但我不知道它的意思
3 分=我以前见过这个语块，我认为它的意思是_____
（给出一个同义短语或翻译这个短语）
4 分= 我认识这个语块，它的意思_____
（给出一个同义短语或翻译这个短语）
5 分=我能用这个语块造句，例如：_____
（写出句子）
注意：
1.请根据你的实际情况选出下面短语符合你的等级并写在横线上。
2.如果你选了第⑤项，那么第④项也要写要填写。
例如，如果你不仅认识 a lot of 这个短语，也能进行正确造句，那么你可以作答如下：
a lot of　④许多　⑤　I have a lot of books.

8.4.4.2 综合能力的测试

语言综合能力主要从阶段性的学业水平测试结果来反映，包括实验研究前测的成绩和实验后测成绩。本研究的前测采用增城区 2016 年度第一学期期末考试高一英语试卷，后测采用增城区 2016 年度第二学期期末考试高一英语试卷，两份试题均为增城区统测统改，信度和效度都较高，总分均为 150 分，题型完全相同，包括：口语（10 分）、听力（10 分）、单项选择题（10 分）、完形填空（20 分）、短文填空（15 分）、阅读理解（35 分）、单词拼写（10 分）、句子翻译（20 分）和写作（20 分）。

8.4.4.3 问卷调查

在试验前和实验后对实验班学生进行问卷调查（见附录），目的是了解学生实验前后学习英语的习惯和策略的变化。

8.4.4.4 统计分析工具

采用 SPSS14.0 对数据统计分析。

8.5 实验整体构思

8.5.1 实验班：采用语块教学法进行课堂教学

（1）实验前，完成相关准备工作。整理实验班和对比班的学生中考英语成绩，并进行全面的数据统计工作。同时，在新学期开始对实验班学生进行语块培训，让他们了解语块的类型及构成，尤其是明确语块对学好英语的重要性。

（2）实施语块教学法的措施步骤。

第一阶段：预习阶段的自主学习。

将实验班的学生按照 4~6 人一组构建学习小组（笔者所在学校本来就是按这种模式编排学生座位，因此实验班和对照班都是小组学习模式），小组成员轮流担任小组长。然后，借助词典预习课文和单词。课文的预习必须能够找出那些短语或固定表达式等语块,并能够按照语块理解课文大意。词汇的预习，一定要能够说出关于这个单词的一个或几个常用的短语并试图能够用这些短语表达内容。这个阶段可以采取不同的形式，可以让学生在课余时间进行，也可以在老师的指导下课堂上进行。无论何种实行方式，学生的预习都可以随时得到老师的帮助。当然，这个阶段也可以采取布置作业的形式，可以小组集体进行，也可以学生个人完成。

第二阶段：课堂教学阶段的深化学习。

没有预习阶段就没有深化学习阶段,深化学习阶段是预习阶段的延伸。

在深化学习阶段，突出学习者的主体地位，强调以语块为主线组织教学过程的各个方面。课堂教学具体操作为：

引入部分：必须以学生所预习的语块或已经预先准备的语块为基础开展问答或思考等相关活动。

课文学习：必须以引入部分阶段所操练的语块为基础组织课文教学活动，包括概括课文的主旨内容、叙述课文故事的发展线索，或者是讲解课文的知识点。

巩固阶段：必须以所学的语块为学习要点，开展巩固练习等活动。这些活动可以是利用核心语块复述课文，运用核心语块编讲故事，运用核心语块撰写小作文。

第三阶段：课后阶段的实操训练。

课文的学习并不意味着学习的结束，课堂上学习活动或许在某种程度上只是学生掌握知识的其中一个阶段。学生经过学习阶段以后必然要进入下一个阶段，也就是实操训练阶段。只有经过引入阶段进入深化学习阶段，然后进入实操训练阶段，并在这个循环的过程中学习者的知识得到一定的升华，最后又进入更高层次循环中。课后实操训练阶段也并不只有布置作业，这个阶段可以充分发挥教学主体的积极性和创造性，鼓励教师和学生开展富有趣味性的活动，在活动的过程中熟悉、运用和体会所学知识，尤其是那些核心语块的魅力。

8.5.2 对比班：采用传统的教学模式

对比班采用传统的教学模式，课前要求学生预习，但是没有要求划出相应的语块，也不作课前语块准备的活动；在课堂上教师讲解课文内容，包括词汇知识、文章内容。知识训练也主要依据教材和配套资料上的练习材料。

8.6 实验过程

8.6.1 实验班语块培训

8.6.1.1 让学生认识语块

作为实验的关键因素，语块究竟是何物，实验班学生必须要清楚。笔者依据 Nattinger & DeCarrico（1992）的语块分类法专门为学生培训语块，以学生习以为常的固定搭配、短语、句型为切入点，向他们灌输语块概念以改变他们一直以来比较随意的单词叠加形成意思的语言学习习惯，并强调在今后的英语学习中要有意识地"找块"（读、听）和"组块"（写、说），以意思相对完整的语块作为基本的意义单位，而不是单词。

为了让他们更好地了解语块，我们根据文献对语块的分类方法，并结合具体的教学实际情况，从便于掌握和运用角度出发，把语块归纳如下几种：

1. 固定短语

如 add up, a series of, by the way, face to face, as a result, in all directions, once upon a time, as a matter of fact 等。

2. 半固定短语

play＿＿＿＿＿＿（basketball/football/the piano）

lose ＿＿＿＿＿＿（face/way/heart）

from on ＿＿＿＿＿＿（now/then/tomorrow）

a ＿＿＿＿＿＿（minute/week/year） ago/later

3. 固定表达（名言、警句、谚语等）

A young idler, an old beggar.

Do in Rome as Romans do.

A friend in need is a friend indeed.

Where there is a will, there is a way.

4. 半固定表达（句子模板）

I think/believe/hope that …

I wonder if …

Why not do sth.

What do you think of doing sth.

There is no doubt that …

It's … that …

If you …, I will …

What I want to … is that …

The reason why … is that …

以上的分类基本上是引导学生从短语和句子两个层面认识语块，使他们在理解句子意思和表达完整意思的时候注意力集中在比较大的、相对完整的语义单位，从而使他们不再出现在阅读中英汉或在写作中汉英对号入座式的坏习惯。

8.6.1.2 引导学生归纳和运用语块

语块具有相对稳定的语用功能，可以起到提示作用，便于记忆编码和提取使用，把语块当成词汇单位来教学，可以强化学习和记忆效果，大大增加词汇量。在高中英语中存在大量表示不同语用功能的语块，如表示话题转换的语块：on the contrary；表示对比的语块：just as, on the one hand … on the other hand …；表示因果的语块：because（of）…, now that, as a result；表示个人观点的语块：personally speaking, as for me, in my opinion, as far as I know, from my point of view；表示意思递进、补充的语块：in other words, what's more, not only …, but also …；表示列举的语块：for example/instance, and so on, first of all, firstly … secondly … thirdly …；表示解释说明的语块：according to …, that's to say, in other words, to tell the truth；表示话题总结的语块：in brief, in conclusion, to sum up, all in all, in a word, on the whole, from the above we can clearly see that …；表示引用名言、谚语等的语块：as it goes that …, there is a saying that … 这些语块在平时的学习中比较常见，要求学生必须牢记。在课堂上，教师按照语块的构成形式和语用功能讲授语块方面的知识，训练他们识别语块，学会使用语块，同时，把每单元出现的语块都列入生词表中，作为词汇学习的一部分。此外，在教学中对于一些常见的、有特定语用功能的句型语块，教师教会学生区分语块结构中固定部分和可变部分，鼓励他们创造性地利用语块中的可变部分造句，如在教 It is/was … that/who … 表示强调的语块时，可以通过例句使他们领会该语块的精髓，然后让他们结合实际即时造句；又如在讲解 It is said that … 时可鼓励学生联想到 It is reported that …/It is believed that …/It is suggested/advised/hoped/thought/known that …。学生对记忆库中已有的语言知识迅速加以整理、提取，根据相应的语法规则在这些语块中填进所需的词语或从句，造出许多新句子，这不仅使他们加深了对这些语块的理解，还有助于促使他们积极思维，提高表达的条理性、逻辑性和地道性。

总的来说，培养学生的语块意识就是引导他们思维应该立足于相对完整的意义单位而不是一个个的单词，引导他们在理清句子结构和确定主谓关系的情况下加快意思获取的速度（阅读方面）和套用上相应的语块去组织英语句子从而表达完整的意思（写作方面）。同时，也要让他们清楚在句间衔接、段落编排和谋篇布局等方面语块同样扮演重要角色。换言之，从句子到整个篇章语块都遍布其中，这本来就是语言的真面目。学生要学好英语就必须有语块意识并且灵活运用语块。

8.6.1.3 要求学生平时注重积累语块

"巧妇难为无米之炊。"一般学生认为英语学习上最大的困难就是所谓的词汇量不够，而现在的问题就是怎样扩大词汇量。笔者认为与其让学生背单词不如让他们熟记语块，这样能更为有效地积累语言素材。所以，在整个实验过程中笔者时刻提醒实验组学生在平时的英语学习中要注意语块的积累，要养成随时发现语块、记住语块及应用语块的良好习惯。

8.6.2 实验班语块教学实践

8.6.2.1 词汇教学——结合语块，掌握单词的正确词义

翻开词汇表，我们不难发现很多单词有着多种不同的意思，如果学生按单词表的字面意思来记单词，效果不佳，因为没有语境很难掌握一个单词的确切意思。词汇之所以具有丰富的语言意义，除了本身含有的基本意思外，更丰富的词汇意义主要是通过词汇所处的语境来彰显的。结合具体的语境，学生较容易掌握词汇的含义、搭配及各种用法。事实上，英语中大量存在着多义词，而多义词的具体意义主要靠前后搭配、上下文及共现关系等语境来确定，如："heavy"这个词的基本意义为"重的，沉重的"，但与不同的词搭配却有更多的外延意义：heavy rain（大雨）、 heavy crops（丰收）、a heavy heart（沉重的心情）、 heavy traffic（拥挤的交通）、a heavy fruitcake（不好消化的水果蛋糕）、heavy roads（泥泞的道路）、a heavy drinker（酒鬼）。以上所有词组中的"heavy"如果都译为"重的"，就会让人难以理解，而通过词组的语境比较，体会其外延意义，则让人一目了然。如 give 搭配的动词短语非常多：

She gave away （捐赠）all her money to the poor.

Please give back（归还）my pen.

I had to give in（屈服）.

The eggs are giving off（散发出气味）a bad smell.

The teacher asked me to give out（分发）the exam papers.

Finally my father gave up（放弃）smoking.

如果只是按中文意思来记，学生容易混乱，不易牢记，但是在具体的

语境中学生可以深刻体会到这些短语的精髓。此外，哪怕是在教单词的时候，我们也可以将单词短语化或句子化，以便于学生进行内化。例如，在教"explore"这个单词时，与其直来直往地让学生硬记中文意思"开拓，探险，探测"，倒不如引导学生通过词组化来掌握具体的意思，如：explore Mars（探测火星），the exploration of Mars（对火星的探测），Mars explorer（火星探测器）。这样一来，学生更加容易掌握 explore 这个动词，同时也可以学习 exploration 和 explorer 两个派生名词，可谓一举多得。由此可见，只有具体的语块语境才能使学生更好理解词汇意思，而且便于他们梳理、记忆，从而可以牢记。正所谓，词不离句，句不离篇，具体的语境，为学生提供了理解词义和掌握词汇用法的有利条件，也有助于学生感悟和发现词汇在使用中形式上的特点以及变化（吕良环，2010）。

8.6.2.2 阅读教学——立足语块，发展快速而有效的阅读

通常一个单词不可能孤零零地存在，必然有其他词与它"衬托"才会产生较为清晰的意义，如"get"可使我们联想到 get up，get home，get tired，get ready（for），get together，get along with，等等；同样，get along with 又可能使我们联想到"All the students are getting along well with each other.""He is hard to get along with.""How are you getting along with all your subjects?"等句子。可见，语言信息通过合理、有序的组合，形成一定的组块，能够促进人们理解，使学习和记忆变得更加容易。心理学的实验证明，人们学习字或词时，表现出明显的"聚类"倾向，因此，语块化语言学习是一个有科学依据支持的有效策略。其实，从某种角度来看，英语句子也是由语块组合而成的，并不是单词的简单叠加。但是，依然有很多高中学生在理解英语句子的时候，可能受到母语的影响，习惯于机械地把一个个英语单词加起来去获取句子意思。这并不符合人类的信息加工规律，反而无形中会增加认知负担，影响学习信心。如："This is because in the early days of radio those who reported the news were expected to speak excellent

English."这一句共有 20 个单词,如果按各个单词简单加起来理解意思,让人读起来感觉苦涩难堪,不知所云。但是,如果把这个句子分解成 This is because/ in the early days of radio/ those who reported the news/ were expected to/ speak excellent English 这五个语块或语义单位,就容易理解得多了。同时,学生不再拘泥于一个个单词的记忆,而是根据所理解的相对完整意思进行整块记忆,如教师可以这样引导学生积累词汇:This is because …, in the early days of, those who do sth, be expected to do sth. 所以,教师应在学法指导上多引导学生分清语块,灵活运用语块,加强培养语块意识,使他们形成良好的英语阅读习惯。一旦学生感悟到语块的"魔力"而走上英语学习的"正轨",他们将会获得巨大的成就感,提高学好英语的信心。

8.6.2.3 写作教学—语块突破,克服英语写作中的汉语思维

在实验前,通过分析实验组学生所写的英语作文,笔者发现他们普遍习惯于按照汉语的意思一个词一个词地串连成所谓的英语句子,苦涩生硬,不知所云。例如,"曾经有一段时间我也像你现在一样觉得很烦恼。"写成:"Ever have a time I also like you now feel very upset."其实,类似这样的例子比比皆是,不堪入目。这种局面并不是一朝半日形成的,其背后有着深层的原因值得我们反思。笔者认为,在一定程度上,是学生没有真正感悟到英语语言的真面目,还是停留在英汉对号入座的思维中。为了扭转这种局面,笔者引导学生从语块角度组织英语句子。再以上句为例,其中包含这些语块:there is a time when …, I feel … (happy, sad, very upset), as you … 所以,那句可以写成:"There was a time when I felt very upset as you do now."这样,学生会感觉到英语句子的"节奏",形成一定的语感,从而不至于因无从入手而陷入汉英对号入座的定势思维。再如,要让学生表达"广州有两千多年的历史,人口大约一千万,位于中国的南面"。先让学生提取语块:with/have a history of …, with /have a population of …, lie in/be located in/ be situated in，in the east/south/west/north of ... 等，接着引导学生把语块组织成句子，注意梳理主谓关系以及谓语的时态、语态。于是，很多学生会写出这样正确的句子："Guangzhou，with a history of more than two thousand years and a population of about ten million，lies in /is located in /is situated in the south of China."或者"Lying/Located in the south of China，Guangzhou has a history of more than two thousand years with a population of about ten million."在运用语块开展写作教学方面，笔者在实验的前半段重点放在引导学生在句子层面寻求突破口，以便及早形成语块意识，而在后半段重点引导他们多留意语块在句间衔接和连贯性方面的重要作用，进一步要求灵活运用语块，强化语块意识，从而在英语学习中习惯于运用语块来提高英语综合运用能力。

8.6.2.4 听说教学—语块渗透，领略语言表达的流畅性

流利性和地道性是所有语言表达明确追求的目标之一，语言的听和说能力也体现在这两方面。就外语教学而言，流畅性通常指学习者能自如而不费力地使用外语进行有效交际的能力，包括言语流畅性和意义的连贯性。由于语块是事先以整体形式储存在记忆中的范例，通常可以作为整体直接使用，在语言交际中不必临时按语法规则去生成。即使其形式具有一定的可变性，其变化也是有限的。换言之，语块在语言运用中听/说者不需要特别注意语法分析或句子结构，大大节省思维加工成本，而且可及性非常强，检索和提取的速度相当快，有利于语言表达流利性和地道性，从而，确保意义在交际中的优先地位和连贯性，获取理想的交际效果。

为了让学生更好地体味语块在语言交际中的重要作用，笔者在实验中结合实际情况对教材进行适当的整合，在设计"说"的活动的时候，也结合"听"的训练，把听说教学融为一体，同时开展。在人教版教材每个单元都有 "speaking"或"talking"环节，且按照各单元的话题各有侧重，如 making friends，describing people/events，talking about future，ideas about wildlife protection，measures for pollution，等等，涉及面广，多不胜举。如人教版第三模块第一单元"Festivals around the world"课后有一个有关节日话题对话环节，要求两个学生分别扮演中国学生和外国留学生用英语谈论一个中国人熟悉的传统节日。为了降低任务的难度，在让学生操练之前，笔者先给一段听力材料作为范例：

A：Li Mei，when does the Spring Festival usually take place?

B：Well, the date is a little different every year, but it usually happens at the end of January or the beginning of February.

A：What do you usually do to celebrate it?

B：My whole family gets together. We usually talk about what we've done in the past year. Then we cook a lot of food.

A：What special food do you eat?

B：We almost always make and eat dumplings. That's the most traditional Spring Festival food.

A：What's the origin of the Spring Festival?

B：Well, there are several old stories about the Spring Festival. In old Chinese stories, there was a monster named Nian who would come into towns at the end of the year and frighten people. Sometimes he would eat people. At some point, people discovered that the Monster Nian was frightened of loud noises and the color red. They began to put red paper on their doors and set off firecrackers. It became the tradition to do this every year to frighten the monster away from the town.

A：Wow! That's an amazing story! Why is the Spring Festival such an important holiday in China?

B：I guess it's like Christmas in Western countries. It's the most important family holiday all year.

听完范例材料之后，教师按照话题任务引导学生说出他们熟悉的其他中国传统节日：Mid-autumn Day，Dragon Boat Festival，Qiqiao Festival，Double Ninth Day，Lantern Festival，等等。接着，再给学生提示完成任务可能会用到的一些常用语块，如：Would you like to tell me something about …? What do you know about …? It usually takes place/happens at …It's one of … What's the origin of …? What do you do to celebrate …? It's a festival to honor/ celebrate … I think it's because … That's why … Thank you so much/Thanks a lot. That's very kind of you. You're welcome. It's a pleasure. 然后，再由学生进行对话练习，运用语块，强化语块意识，由"听"及"说"，效果更好。同样，"说"的活动也给"听"以同样积极的作用，因此，把语块渗透到听说教学中去可谓一箭双雕，可以收到事半功倍的效果。

8.7 结果与讨论

8.7.1 语块能力测试结果与分析

本研究中的语块能力测试分前测和后测两个环节进行。首先，在高一第一学期开学初，先对实验组和对照组进行语块能力前测，所选 25 个常见语块均是从中考英语大纲中抽出，如 take place, by the way, not only … but also …, It take sb. to do sth., It's + *adj.* + to do sth.等。到高一第二学期末的时候，两组学生都学完人教版高中英语第一至四模块，共 20 个单元，再从学过的这 20 个单元中抽取 25 个重点语块进行后测。

8.7.1.1 前测情况

从表 8-2 分析结果可以看出实验组和对照组语块能力大体相当，换言之，两组学生在语块习得和运用能力方面起点是一致的（$p>0.05$）。在教学实验中，其他变量几乎完全相同，唯有教学模式是不同的变量，假如实验后结果出现差异，我们就有 95% 的把握断定它是由不同的教法引起的。

表 8-2　实验组和对照组前测 t-检验

班级	N	Mean	Std. Deviation	T-value	Sig（two-tailed）
对照组	51	62.67	13.07	−9.645	0.926
实验组	52	63.15	13.40		

8.7.1.2 后测情况

对实验组和对照组的后测 t-检验后，从结果来看，p=0.014<0.05。这说明了运用不同的教学模式，两组的测试结果呈现出显著的差异。在实验过程中，因为控制了其他变量，唯有教学模式是不同的变量，在这种情况下，我们可以做出推断：这次测试的差异是由于教学模式的不同而引起的。换言之，语块教学法的实施能够促进学生语块能力的提高。

表 8-3　实验组和对照组后测 t-检验

班级	N	Mean	Std.Deviation	T-value	Sig（two-tailed）
对照组	51	67.84	15.07	2.135	0.014
实验组	52	73.81	18.40		

8.7.2 语言综合能力结果与分析

语块教学对语言综合能力影响的研究我们分两个阶段进行：第一阶段从高一入学到第一学期末，第二阶段从高一第二学期开始到学期末。在为期一年的教学实验中我们始终坚持在实验组开展语块教学而对照组进行传统的课堂教学。作为中期研究，我们在高一学期末对实验组和对照组的语言综合能力进行检测，数据主要源自两组中考入学成绩和期末考试成绩。由于中考只有单科总成绩，各题得分情况无法得知，所以，我们只能对两组总分进行比较分析，把中考英语成绩作为前测，第一学期期末考试英语成绩作为后测。

8.7.2.1 中期语言综合能力检测

1. 两组中考英语总成绩比较（前测）

从表 8-4 和表 8-5 的结果来看（p=0.886>0.05），实验组和对照组的起点是一致的，两组的语言综合能力大致相当。

表 8-4　实验组和对照组中考成绩统计结果

班级	N	Mean	Std. Deviation	Std. Error Mean
对照组	51	97.2	10.22	0.5231
实验组	52	96.8	8.92	0.4674

表 8-5　实验组和对照组中考成绩独立 t 检验分析结果

	Levene's Test for Equality of Variances		t-test for Equality of Means						
	F	Sig.	t	df	Sig.(2-tailed)	Mean Difference	Std.Error Difference	95% Confidence Interval of the Difference	
								Lower	Upper
P Equal variances not assumed	2.311	0.657	0.721 0.709	93.7 92.8	0.886 0.852	0.04 0.04	0.6670 0.9124	−1.775 −1.863	1.005 1.213

2. 两组第一学期期末考试英语总成绩比较（后测）

从表 8-6 和的表 8-7 结果来看，实验组的成绩（m=86.9）略高于对照组的成绩（m=85），但是独立 t 检验分析结果显示，两组的语言综合能力没有出现显著差异（F=7.442，p=0.105>0.05）。这说明了与传统教法一样，语块教学法暂时没有为高中英语课堂教学带来显著性的变化。

表 8-6　实验组和对照组第一学期期末考试英语成绩统计结果

班级	N	Mean	Std. Deviation	Std. Error Mean
对照组	51	85	23.35	2.4560
实验组	52	86.9	17.21	3.0234

表 8-7　实验组和对照组第一学期期末考试英语成绩独立 t 检验分析结果

	Levene's Test for Equality of Variances		t-test for Equality of Means						
								95% Confidence Interval of the Difference	
	F	Sig.	t	df	Sig.(2-tailed)	Mean Difference	Std.Error Difference	Lower	Upper
P Equal variances not assumed	7.442	0.201	2.721 2.87	79.1 82.8	0.105 0.116	1.3 1.3	4.224 3.785	0.342 0.531	11.32 12.56

3. 中期语言综合能力检测结果分析

从入学的中考成绩分析结果可知，尽管两组的并没有显著性差异，但对照组的平均分（m=97.2）略高于实验组的平均分（m=96.8）。经过一个学期的语块教学，实验组和对照组在语言综合能力方面仍然没有带来统计学意义上的显著差异，但是实验组期末考试成绩（m=86.9）却好于对照组期末考试成绩（m=85），反超了 1.3 分。因此，我们相信语块教学具有潜在的教学优势。中期语言能力检测两组并没有出现显著性差异，这可能是由于实验时间过短。经过一学期教学实验后，通过对部分实验组学生的访谈，我们初步了解到一些不利深入开展语块教学的情况。例如，有些实验组学生对语块还不大熟悉，对语块的理解只是停留在短语层面，即由原来的背单词变为现在的背短语，实质上还没有跳出传统教学下的学法思维。

换言之，语块教学还没有给这部分学生带来学习方法上的转变，他们的语块意识还有待加强。由此看来，让学生进一步熟悉语块以及在平时的学习过程中强化语块意识并灵活运用语块是语块教学的关键环节。所以，在接下来的实验后半阶段，我们的重点是深化语块意识，突出语块的综合运用。

8.7.2.2 后期语言综合能力检测

我们以高一第一学期期末考试英语成绩作为前测，以高一第二学期期末考试英语成绩作为后测。

1. 两组第二学期期末考试英语总成绩比较（后测）

从表 8-8 和表 8-9 的结果可知，实验组的成绩（m=98.3）明显高于对照组的成绩（m=87.4），独立 t 检验结果也表明两组之间的差异非常显著（F=8.530，p=0.021<0.05）。这说明：经过一个学年的教学实验，两组的语言综合能力出现了显著差异。尤其是在后期的教学实验中，语块教学比传统教学在整体上更有利于培养学生的语言综合能力。

表 8-8　实验组和对照组第二学期期末考试英语成绩统计结果

班级	N	Mean	Std. Deviation	Std. Error Mean
对照组	51	87.4	19.31	1.772
实验组	52	98.3	21.53	1.654

表 8-9　实验组和对照组第二学期期末考试英语成绩独立 t 检验分析结果

	Levene's Test for Equality of Variances		t-test for Equality of Means						
	F	Sig.	t	df	Sig.（2-tailed）	Mean Difference	Std.Error Difference	95% Confidence Interval of the Difference	
								Lower	Upper
P Equal variances not assumed	8.530	0.021	3.953 4.120	72.33 78.18	0.018 0.048	10.3 10.3	9.314 1102	−3.221 −5.012	7.345 10.875

2. 两组第二学期英语期末考试各题得分比较（后测）

表 8-10 显示，实验组各项语言技能的成绩均好于对照组。实验组的平均分超过对照组的平均分分别为口语 1.04 分，听力 0.33 分，单项选择 1.8 分，完形填空 0.9 分，短文填空 0.51 分，阅读理解 1.1 分，单词拼写 0.34 分，句子翻译 3.1 分和作文 3.02 分。独立 t 检验的结果进一步表明在口语（p=0.038 <0.05）、单项选择题（p=0.038<0.05），句子翻译（p=0.025<0.05）及写作（p=0.040<0.05）四个题型有显著性差异，在听力（p=0.576>0.05），完形填空（p=0.832>0.05），短文填空（p=0.080>0.05），单词拼写（p=0.119>0.05）和阅读理解（p=0.590>0.05）五个题型没有明显差异。综合中期语言综合能力的检测以及后期检测结果，我们断定语块教学能更有效地提高学生英语综合语言能力，并且在口语技能、翻译技能、写作技能以及对语块的敏感性（单项选择）的效果更为显著。

表 8-10 实验组和对照组第二学期英语期末考试各题成绩统计及独立 t 检验结果

题型	Group	N.	Mean	Std. D	Std. E	Sig.（two-tail）
口语（10分）	对照组	51	5.40	5.268	1.567	0.038
	实验组	52	6.44	4.880	1.332	
听力（10分）	对照组	51	5.43	3.052	0.516	0.576
	实验组	52	5.70	3.333	0.563	
单项选择题（10分）	对照组	51	5.10	5.868	0.992	0.038
	实验组	52	6.90	5.302	0.862	
完形填空（20分）	对照组	51	12.00	2.315	0.391	0.832
	实验组	52	12.90	2.083	0.352	
短文填空（15分）	对照组	51	9.49	1.933	1.848	0.080
	实验组	52	10.00	1.669	1.973	

续表

题型	Group	N.	Mean	Std. D	Std. E	Sig.(two-tail)
阅读理解（35分）	对照组	51	21.7	30.608	5.173	0.590
	实验组	52	22.8	28.916	4.887	
单词拼写（10分）	对照组	51	5.76	0.608	1.173	0.119
	实验组	52	6.10	1.916	1.887	
句子翻译（20分）	对照组	51	11.90	0.608	2.173	0.025
	实验组	52	15.00	1.916	4.887	
写作（20分）	对照组	51	9.98	3.608	5.173	0.040
	实验组	52	13.00	2.916	4.887	

3. 后期语言综合能力检测结果分析

从以上的结果来看，我们不能简单说语块教学绝对优于传统教学，最起码表8-10的有一些题型并没有反映出实验组和对照组的明显差异，甚至某些题型的平均得分两组之间几乎不分上下（如单词拼写）。为此，我们必须结合整一学年的教学实验进行全面分析。在第一学期末的中期语言综合能力检测中实验组和对照组之间不存在着显著性差异。但是在后期的检测中，从总体上看，实验组的语言综合能力明显好于对照组；从各项技能来看，分析结果表明了实验组的各项语言技能均好于对照组。这表明语块教学本身的确存在着一定的教学优势，尤其表现在口语技能、翻译技能、写作技能以及对语块的敏感性方面。但毋庸置疑的是，这种教学优势不容易被开拓，需要老师的有效引导，也要求学生必须经过一定的时间进行相应的实践并在这个过程中逐渐形成一种意识，即他们的语言加工单位不再是一个一个的单词而是意思相对完整的意义单位——语块的意识。回顾本教学实验，一学期时间不足以让实验组的学生熟悉语块并灵活运用语块，而相比之下，一年时间的强化训练使他们对语块以及语块运用变得习以为常，也就是说,实验组学生已经熟悉语块教学并形成语块意识。正因为他们形成了使用语块学习英语的习惯,从而促使学习效果发生明显的变化。为期一年的教学实验表明,语块教学作为一种教学模式,更倾向于要求学生改变传统语言学习的观念,引导他们寻求更有效理解和表达语言信息的路径。

8.7.3 问卷调查结果分析

在实验前和一年后实验结束时对实验组学生进行问卷调查,目的是了解学生实验前后学习习惯、方法和策略的变化情况。问卷内容包括15个条目,每一个条目按五个维度设计,即:0=这种做法完全或几乎完全不符合我的情况;1=这种做法通常不符合我的情况;2=这种做法有时符合我的情况;3=这种做法通常符合我的情况。4=这种做法完全或几乎完全符合我的情况。因此,整份问卷最低分为0分,最高分为60分。在15个条目中,第1、2、3、5、6、11六个条目的算分是反向的(即0分算作4分,4分算作0分;1分算作3分,3分算作1分)。

表8-11 实验组问卷调查各条目得分统计及独立t检验结果

条目	实验前		实验后		Sig.(two-tail)
	Mean	St. D	Mean	St. D	
1. 我习惯逐个字母死记硬背来记忆单词的。	1.69	0.875	2.61	0.738	0.037
2.在读英语句子时,我按照每个单词的中文意思串起来理解英语句子的意思。	1.83	0.904	2.95	0.867	0.044
3. 在用英语写作时,我按照汉语思路套上一个个英语单词来写英语句子。	1.82	0.857	2.89	0.884	0.043
4. 我会使用地道的英语本族语者的词汇组合、搭配、惯用语来学习、记忆和使用新单词。	1.90	0.868	3.09	0.721	0.000

续表

条目	实验前		实验后		Sig.（two-tail）
	Mean	St. D	Mean	St. D	
5. 学习课文的时候，我喜欢由老师逐句分析课文中的语法知识，然后由老师或者录音机带读课文。	2.12	0.867	2.93	0.914	0.071
6. 我通常都是逐字逐词地进行阅读。	1.98	0.940	3.13	0.794	0.000
7. 在写作的时候，我会有意识地使用一些连接词来提高文章的连贯性和流利性。	1.87	0.860	3.01	0.699	0.000
8. 因为我知道学习要靠自己，所以我总是会自主地学习英语，很注重学习方法。	1.80	0.867	2.77	0.843	0.032
9. 我常常通过前后句子或者上下文等语境来猜测生词的意思。	1.92	0.894	2.78	0.911	0.034
10. 学完课文以后，我会通过短语复述课文、编故事、对话练习等活动方式加深对课文的理解。	2.39	0.814	2.88	1.171	0.000
11. 在听力训练时，我会把注意力主要集中在听清楚每一个单词，从中理解所听的内容。	2.04	0.799	2.86	0.739	0.040
12. 在学习语法时，我会结合句型结构来加深对语法点的理解，或者自己补充一些例子。	2.13	0.921	3.02	1.334	0.034
13. 我会通过收听英语新闻、看英语电视节目、英语电影等方式来学习英语。	1.94	0.799	2.03	0.874	0.302
14. 课外，我会尽量寻找能够用英语交流的机会，锻炼英语口语。	1.96	0.902	2.22	0.759	0.220
15. 我认为学好英语正确的学习方法很重要。	2.09	0.774	2.38	1.231	0.282

问卷调查结果表明：整体上来看，实验前和实验后实验组学生英语学习习惯、方法和策略发生了明显变化。实验后，各个条目的平均分都有所上升，这意味着实验组学生的学习习惯、方法和策略有所改善。从表8-11来看，条目4、6、7、10变化尤为显著（$p=0.000<0.05$），这与在整个实验过程中教师不断提醒实验组学生要注意运用语块提高语块意识有关；至于条目13、14和15没有显著差异（$p>0.05$），笔者认为主要是与学生所处的客观学习环境有关，也就是说，在现实中学生运用英语的机会不多，这与课堂教学模式关系不大。总而言之，语块教学模式有利于学生形成良好的学习习惯、学习方法以及培养有效的学习策略。

8.8 结论与启示

8.8.1 研究结论

本实验研究立足于高中英语，经过为期一年的语块教学实践，结合以上的结果分析，我们得出结论：语块教学有利于高中英语教学。主要体现在：

（1）语块教学法的实施有利于提高学生的语块能力，即实验班的语块能力测试分数都显著高于对照班（$p=0.014<0.05$）；

（2）语块教学比传统教学更有利于培养学生的语言综合能力（$p=0.018<0.05$），提高学生的学业成绩；在语言技能培养方面亦呈现出明显优势，尤其对口语技能（$p=0.038<0.05$）、翻译技能（$p=0.025<0.05$）、写作技能（$p=0.040<0.05$）以及对语块的意识（单项选择题 $p=0.038<0.05$）更为有效；

（3）语块教学模式有利于学生形成良好的学习习惯、学习方法以及培养有效的学习策略。

综合起来，本实验研究进一步印证了姚玉琴（2008）的研究发现：语块教学作为一种新的课堂教学模式,所带来的变化不仅在学生的综合语言能力,而且在实施语块教学过程中学生的学习兴趣也得到提高,学习态度也得到改善。此外,语块教学让学生学会灵活恰当地运用词汇学习策略,这不仅可以促进英语学习,而且可以增强学生的学习责任感,从而激发学生内在的学习动力,在学习中充分发挥主体作用,促进语言习得(袁静,2006)。所以说,语块教学开阔了英语教学的视野,为英语教学提供了一种理想的方法。

8.8.2 语块教学的启示

(1)语块是表达相对完整意思的基本语言单位,在语言学习中起着重要的作用,主要体现在如下两方面:

1)在获取信息方面。

语块本来就蕴藏在自然语言中,是语言材料的基本要素。当我们在听取或读取语言信息的时候,一旦遇到熟悉的语块,我们的大脑就会马上激活与该语块相关的语言图式,促使我们获取信息。例如,当我们遇到 Once upon a time 时,我们知道接下来的将是一个故事;For example 提醒我们以下是举例子,即使那些不是很固定的语块模式如 I wonder if … 也会让我们对信息的获取增加熟识感。阅读文章的时候,语块扮演的这种路标角色,引导我们立足句子、通观全文,使我们"既看到树木,又看到森林",从而更好地获取信息。可见,语块在具体的语境中能让我们迅速地联想到与它相关的内容,具有明显的暗示功能,其语言意义远远超出各个单词的总和。

2)在表达信息方面。

认知心理学认为,人类对信息的获取、储存和提取体现凸显性和完整性。作为集形式、意义和功能于一体的语块一旦被输入大脑,将会整个地被储存、并与特定的语境联系起来。当我们在表达信息的时候,一旦遇到相关语境,我们很自然会提取到相应的语块,大大增加语言输出的流利性。

例如，当我们第一次与别人见面，我们会习惯成自然地脱口而出：Nice to meet you. 要问路的时候，会礼貌客气地说：Excuse me, could you tell me how to get to …? 要发表个人观点时，我们会想到：In my opinion, As far as I am concerned, What I want to say is that … 语块这种相对完整意义的特性突破了传统上的词汇积累的滞后性，其作用远远超出词汇搭配的范围，扩大到句子甚至语篇的领域。所以，在写作的时候，语块的微观组织功能可以使我们更有效地连词成句；语块的宏观组织功能让我们更清晰地谋篇布局、统领全文。

（2）语块教学在一定程度上改善学生学英语的策略和习惯。在我国英语教学一直被批评为"耗时多，收效微"。究其原因，很大程度上是与学习者的学习策略、学习习惯等有关。他们在机械地背单词、背语法规则而未能真正体味到语言的本质，尤其是按照母语思维套用英语单词来学习英语，结果他们只能感觉到学英语是那么的生硬苦涩、索然无味。语块，集功能和形式于一体，兼具词汇与语法特征，是语言的基本素材，在学生的学习资料中大量存在。学生如果在学习过程中形成语块意识并能从语块角度去寻找英语学习的突破口，他们就会走上英语学习的"正轨"，就会在英语学习的道路上走得更快、更远。

（3）教师应该有信心在中学课堂中大胆使用语块教学法来进行教学。国外的语言学家通过不断的实验验证了语块教学的各种优势，而在我国语块教学作为一种新的教学模式也逐渐被认可。语块教学是帮助学生寻求有效学习方法的一种途径，教师引导学生在英语学习中提高运用语块意识也就是重视学生的学习过程，着眼于语言技能的培养，注重于发挥学生的自主能动性，打破了传统课堂上学生充当知识被动接受者的禁锢。例如，通过语块意识的培养，学生知道了固定和半固定短语语块在组织句子和句子连贯方面起着重要作用；半固定表达语块为句子和篇章提供了框架结构；固定表达语块能为文章增添色彩。除外，语块所具有的宏观组织功能让学生清楚在写作中如何写开头，如何组织主体部分以及如何安排结尾形成一个系统的认识。换言之，语块可以起到写作模板作用，使学生懂得英语写作的路径，更好地提高写作能力。事实上，语块教学体现了学生的自主性，符合认知规律，是一种科学、有效的教法。它不仅是词汇教学的发展，还将语法教学、语用教学、语篇教学融于其中，从而全方位地提高语言能力，在教学中发挥着不可忽视的作用。所以，在一定的程度上可以说，语块教学是英语教学法的一次改革，为英语教学注入"新鲜血液"。

8.8.3 语块教学的建议

本实验研究表明：语块教学作为一种新的课堂教学模式在一定的程度上能提高学生的英语学习效率，在各个语言层次中发挥着重要作用，可见其优势是不言而喻的。通过教学实验和实验过程中的不断反思，我们对高中英语课堂开展语块教学有一定的体会：

（1）教师要让学生明确语块概念，并加大对语块的关注力度。开展语块教学必须打破传统的词法和句法的二分法，把语言的意义和功能放在外语教学的首位。这种人为的"二分法"很容易让学生误以为语言是由能够切分的语法组成的，只要掌握了一定量的词汇和基本语法结构就能学好英语。只有先从教师入手，学生才会重视。因此，教师讲解课文或词汇时应着重以语块作为基本单位，将语法规则融入到词汇讲解中，让学生从语块角度掌握语法，最大限度地发挥学生的主动性和创新性，不断地将语块进行正迁移。学生把已学习过的或已掌握的知识与新知识结合，以旧带新，达到温故知新的效果。

（2）在课堂上加强语块的重复和应用，强化学生的语块意识。许多学生学习英语时习惯逐字翻译，喜欢将表达完整意义的短语和搭配拆分成孤立的单词，因此，教师应当引导学生树立语块意识。不管什么课型，教师都要有培养学生语块意识的出发点，让学生对语块习以为常。为此，教师可以采用不同的课堂活动来巩固和强化语块意识，如应用语块复述故事或课文，或是用语块翻译句子或翻译整段、整篇课文等。也就是要设法给学生提供或创设一个使用语块的环境和机会。这样既练习了语块的运用，又训练了他们的创造能力。

（3）教师要培养学生运用语块进行交际的能力。高中生的英语输入能力普遍强于输出能力，尤其是口头表达能力和书面表达能力特别差。英语学习的最终目的是运用英语进行人际交流。教师要鼓励学生不怕犯错误，帮助他们树立信心。在训练的开始阶段，只要学生能清楚地表达自己的观点或思想就应该给予肯定；在表达思想时要尽可能坚持以语块为单位，不要纠正学生的语法错误。此外，教师还要教会学生区分语块中的固定部分和可变部分，鼓励他们创造性地利用语块中的可变部分。如在讲解 It's said that … 时可以补充：It's hoped that …, It's suggested that …, It's commonly believed that … 等，进而帮学生归纳句型：It's + *v.*-ed ＋ that …，甚至再引导学生联想到：It's + *adj.* + that … 句型。学生对记忆库中已有的知识迅速加以整理、提取，根据相应的语法规则在这些语块中填进所需要的词语或从句，生成许多新句子。例如，写作中大量的语块运用可以提高学生的选词能力，做到最大限度地克服母语思维干扰，这不仅加深了学生对这些语块的理解，还有助于促进他们积极思维，提高表达的条理性、逻辑性和地道性。

附 录

APPENDIXES

附录 1

实验语块表（含 24 个目标语块和 4 个干扰语块）

miles away	漫不经心的
fun run	募捐长跑
high and mighty	盛气凌人的
cut and dried	现成的
last gasp	奄奄一息
（a） square peg	用非所长者
ride high	洋洋自得
go spare	气急败坏
jump the gun	过早做某事
pull the strings	幕后操纵
through thick and thin	不畏艰险
with one's eyes closed	轻易地
（the） best bet	最好办法
cheat death	死里逃生
keep sb. sweet	讨好某人
slip one's mind	忘记
show sb. the ropes	教某人做某项工作的办法
be on the take	贪赃枉法
hit or miss	随意地
fit to drop	几乎要瘫倒在地
catch a packet	陷入严重困境
smell a rat	怀疑其中有诈
a waste of space	无用的人
in over one's head	难以应付的情况

附录 2

Post-test 1　即时自由回忆

姓名：_____　高考英语成绩：_____　自由回忆成绩：_____

Free recall of the English phrases （英语短语自由回忆，要求尽量回忆所学的英语短语，并直接写在下面，不必按照顺序。）

附录 3

Post-test 2 即时英译汉测试

姓名：_____ 测试成绩：_____

Write out the meaning in Chinese according to the English phrases.（写出短语的中文意思）

1. fun run _____
2. miles away _____
3. catch a packet _____
4. smell a rat _____
5. a waste of space _____
6. in over one's head _____
7. （the） last gasp _____
8. square peg _____
9. high and mighty _____
10. cut and dried _____
11. hit or miss _____
12. fit to drop _____
13. go spare _____
14. ride high _____
15. pull the strings _____
16. jump the gun _____
17. through thick and thin _____
18. with one's eyes closed _____
19. best bet _____
20. cheat death _____

21. keep sb. sweet　　　　　　　_____

22. slip one's mind　　　　　　　_____

23. show sb. the ropes　　　　　　_____

24. be on the take　　　　　　　_____

附录 4

Post-test 1 延时自由回忆

姓名：_____　　　　自由回忆成绩：_____

Free recall of the English phrases （英语短语自由回忆，要求尽量回忆所学的英语短语，并直接写在下面，不必按照顺序）。

_____
_____
_____
_____
_____
_____
_____
_____
_____
_____
_____
_____

附录 5

Post-test 2 延时英译汉测试

姓名：_____　　测试成绩：_____

Write out the meaning in Chinese according to the English phrases.（写出短语的中文意思）

1. go spare　　_____

2. ride high　　_____

3. pull the strings　　_____

4. jump the gun　　_____

5. through thick and thin　　_____

6. with one's eyes closed　　_____

7. best bet　　_____

8. cheat death　　_____

9. keep sb. sweet　　_____

10. slip one's mind　　_____

11. show sb. the ropes　　_____

12. be on the take　　_____

13. fun run　　_____

14. miles away　　_____

15. catch a packet　　_____

16. smell a rat　　_____

17. a waste of space　　_____

18. in over one's head　　_____

19.（the）last gasp　　_____

20. square peg　　_____

21. high and mighty   _____
22. cut and dried   _____
23. hit or miss   _____
24. fit to drop   _____

附录6 目标语块和学习材料

高频组（5频次）语块和学习句子

in that 因为；由于

Market competition is good in that it tends to keep prices down, which will definitely benefit all consumers.
市场竞争是好事，因为它往往会使价格下降，这必定给消费者带来福利。

I'm in a slightly awkward position in that he's not arriving until the 10th.
我的处境有点尴尬，因为他要到10号才来。

Most of them are not in reality engineers, in that the work they do is mostly clerical.
他们中的大多数人实际上都不是工程师，因为他们做的主要是办公室工作。

He didn't attend the negotiation in that he was ill.
他因为有病，没有参加谈判。

His request is unreasonable in that he knows we can't afford it.
他的要求是不合理的，因为他知道我们负担不起。

pop up 突然出现；冒出来

For years, Chinese billionaires began to pop up most frequently in *Forbes* magazine.
这几年中国的亿万富豪频繁出现在《福布斯》杂志排行榜上。

The head of the dolphin popped up quite near the boat.
那海豚的头在离船很近的地方冒出来。

Meanwhile familiar faces pop up among the reporters.

这时候，一张张熟悉的面孔在记者中出现。

Your name has popped up from time to time in the papers.

你的名字不时在报纸上出现。

The picture in this book pops up when the pages are opened, to amuse children.

这本书一翻开，书中的插图就会啪的一声立起来，逗孩子们开心。

boil down to sth.（能）归结为……

Most of the crimes may boil down to the question of money.

大多数犯罪可以归结为金钱问题。

It all boiled down to a question of money.

这件事归结起来都是钱的问题。

The debate boiled down to the question of ownership.

这场争论归根到底是所有权问题。

The advice they gave him boil down to this: he should take care of his own health.

他们给他的劝告可归结为一句话：他应该注意自己的身体。

The whole question boiled down to whether you want to go or not.

整个问题可归结为你到底愿不愿去。

out of character 不合乎某人性格

Every now and then she feels the urge to do something exciting and out of character; people are never quite sure what to expect from her.

她时时都有去做刺激或出格之事的冲动，人们从来都不太确定她将干什么。

Her behaviour last night was quite out of character.

她昨晚的举止与她的性格很不相符。

Spending so much on a bike is out of character for him.

花那么多钱买辆自行车可不是他的作风。

Rose is a nice girl; her loss of temper was indeed out of character.
罗丝是个温文尔雅的姑娘，她突然大发脾气实在是料想不到的。

It isn't always out of character for a young actor to play an old man, if he is a good actor.
如果演得好，让青年演员扮老人也不一定性格不对。

中频组（3 频次）语块和学习句子

on the side 作为副业；作为兼职

Her husband is a doctor who makes sculptures on the side.
她的丈夫是个医生，业余时间做些雕塑。

The girl sold meat mainly and she tried to sell vegetables on the side.
女这姑娘主要卖肉，但另外也试着卖些蔬菜。

Max works at a restaurant on the side.
马克斯在一家餐厅里兼职。

embark on 开始，着手

With tremendous determination and courage, he embarked on a solo voyage across the Pacific Ocean.
带着巨大的决心与勇气，他开始了独自横渡太平洋的航行。

When we embark on any task, it is important that we start well.
当我们从事任何工作时，好的开始是很重要的。

Tony tells his friend Irene about his plan to embark on a trip to Finland.
托尼告诉他的朋友艾琳他计划展开一趟芬兰之旅。

deviate from ... 偏离，背离……

Those who have a life compass in their mind will never deviate from the correct course.

有人生目标的人是永远不会偏离正确航向的。

The plane deviated from its usual route.

飞机偏离了正常的航线。

His remarks usually deviate from truth.

他的话通常都与事实不符。

plow through sth. 艰难费力地通过

In order to gather material for my thesis, I had to plow through dozens of old books on economics.

为了收集论文资料,我只好啃了几十本经济学的旧书。

They plowed out the sands in spite of the storm.

他们顶着风暴艰难地通过了沙地。

The ship plowed through the heavy waves on a dark night.

船在一个黑夜里艰难地顶着汹涌的波涛前进。

低频组(1频次)语块和学习句子

for good 永远

We've separated from each other before, but I think it's for good this time.

我们以前分开过,但我觉得这一次要永远分开了。

refrain from 克制;节制

You must refrain from spitting in the street. 你不能在街上随地吐痰。

dispense with 摒弃;不用(做)

Young people should learn to be thrifty and dispense with all unnecessary luxuries.

年轻人应该学会节俭,摒弃一切不必要的奢侈品。

ascribe...to 把……归因于

It's wrong to ascribe all that have happened simply to the war.
把发生的一切归咎于战争是错误的。

附录 7

Pre-test 语块产出性知识的即时测试

姓名：_____　　　　测试成绩：_____

Complete the English chunks according to the meaning in Chinese and the initial letters.（依据中文意思和首字母完成下列短语。）

1. 因为；由于　　　　　　i_____　　t_____
2. 突然冒出；冒出来　　　p_____　　u_____
3. （能）归结为……　　　b_____　　d_____
   　　　　　　　　　　　t_____
4. 不合乎某人性格　　　　o_____　　o_____
   　　　　　　　　　　　c_____
5. 作为副业；作为兼职　　o_____　　t_____
   　　　　　　　　　　　s_____
6. 开始；着手　　　　　　e_____　　o_____
7. 偏离；背离……　　　　d_____　　f_____
8. 艰难费力地通过　　　　p_____　　t_____
9. 永远　　　　　　　　　f_____　　g_____
10. 克制；忍住　　　　　 r_____　　f_____
11. 摒弃；不用（做）　　 d_____　　w_____
12. 把……归因于　　　　 a_____　　... t_____

附录 8

Post-test 语块产出性知识的延时测试

姓名：_____   测试成绩：_____

Complete the English chunks according to the meaning in Chinese and the initial letters.（依据中文意思和首字母完成下列短语。）

1. 永远　　　　　　　　　f_____ g_____
2. 克制；忍住　　　　　　r_____ f_____
3. 摒弃；不用（做）　　　d_____ w_____
4. 把……归因于　　　　　a_____ ... t_____
5. 作为副业；作为兼职　　o_____ t_____
　　　　　　　　　　　　s_____
6. 开始；着手　　　　　　e_____ o_____
7. 偏离；背离……　　　　d_____ f_____
8. 艰难费力地通过　　　　p_____ t_____
9. 因为；由于　　　　　　i_____ t_____
10. 突然冒出；冒出来　　　p_____ u_____
11. （能）归结为……　　　b_____ d_____
　　　　　　　　　　　　t_____
12. 不合乎某人性格　　　　o_____ o_____
　　　　　　　　　　　　c_____

附录 9 阅读材料

Women More Likely than Men to See Nuances When Making Decisions

Many situations require us to make categorical decisions. Jurors look at testimony and judge whether a defendant is guilty or not guilty. Police officers take aim at suspects and have to determine whether they see a gun in the suspect's hand, or something that just resembles a gun. A man in his 40s begins to sweat and experience mild pain in his arms, and needs to decide whether it's serious or not.

New research suggests gender plays a role in these decisions because men tend to organize the world into distinct categories whereas women see things as more conditional and in shades of gray. Psychologists at the University of Warwick had men and women judge how each of 50 objects fit into a certain category—whether it belonged, did not belong, or only partially belonged. For example, is a cucumber a fruit? Is a horse a vehicle? After making each judgment, people reported how confident they were about their decisions.

Men were more likely to see an object as fully belonging or not belonging to a category, while women more often judged that objects only partially belonged. The more intriguing finding, though, was that men and women were equally confident about their decisions. This means the gender difference was not due to men simply being more certain or women more uncertain about their judgments. Instead, it suggests men and women perceive the world differently.

This may happen for a couple of reasons. One possibility is that societal gender roles promote more absolute, black-and-white views in men and more detailed, complex views in women. Traditionally, cultures have rewarded males for being decisive and proactive, even if it means jumping to conclusions. In contrast, females are socialized to be more thoughtful and receptive to other's views, even if it means being more self-critical. This socialization not only affects behavior and personality; it also colors our perceptions. For instance, women perceive greater risk across many real and hypothetical scenarios relative to men, partly because risk-taking is a central and esteemed component of the masculine gender role.

The inclination to make categorical judgments—along with a person's comfort in making them-can have important implications. For one thing, it influences the types of professions people pursue, especially for jobs that require decisions to be made frequently and without hesitation.

Emergency medical workers—such as paramedics and emergency room doctors-need to look at a set of symptoms and diagnose a patient with a particular medical condition. Judges have to make decisions about the legality of evidence, testimony, objections raised, etc., throughout a trial. Managers and CEOs must be comfortable making definitive judgments over and over. All of these professions are heavily male-dominated, by about 2∶1 in the US. Of course, there are many reasons for gender imbalances in occupations like these, though, women's more nuanced views are probably an asset in many settings, particularly when there is time to deliberate.

Let's consider a second way to understand the gender difference in categorization. For this, imagine a simple study. People are shown three objects (e.g., seagull, squirrel, and tree) and asked to select the two they think should be grouped together. That is, they pick whichever two of the three things that seem to "go together". (These instructions are deliberately vague; nothing is mentioned about to be categorizing.) The study shows that people who choose seagull and squirrel are assumed to be thinking about the objects in terms of their categories (these were the two animals). But other people select squirrel and tree as their two items, which ignores categories and instead groups the objects based on their relation to be one another in a particular context (squirrels are often in trees).

These are very distinct approaches to understanding things in our environment. The first approach uses categories to make inferences about an object's characteristics. For example, say you're trying to figure out what your new boss is like. Apart from knowing your boss' gender and occupation, someone has also told you his marital status (he's married) and his religion (Protestant). Knowing he falls into these categories enables you to make abstract generalizations—using the stereotypes of those groups—about what he might be like as your boss. The information you get from these generalizations, though, is inherently abstract. The other way to understand him is by focusing on his relationship to other things. For instance, maybe you know that he's a close friend of your previous boss, and though you've heard he's very committed in his marriage, he's not loyal to the company you both work for. Unlike the stereotypical information, these relations are limited to a particular context (his friendships, his love life) and don't generalize as well to other situations (how he behaves toward his employees). What about him is context-specific.

Research finds that men engage in more abstract thinking about many topics-using categories, generalizations—while women are more disposed to context-specific thinking-in terms of concrete situations and relationships. This is evident, for one thing, in how some psychologists contrast the more reasoning of males and females. Males' moral judgments tend to be governed by abstract principles of justice, duty, and fairness that apply to all people and situations (e.g., whether a law is broken, whether justice is served). Females' moral judgments give more weight to specific relationships between people and extenuating circumstances in a given situation; moral judgments are made through subjective feelings (e.g., whether someone feels betrayed or harmed) rather than abstract principles.

In any case, men seem to be more comfortable in the black-and-white world of categorical thinking. This offers a different perspective on why men are not just overrepresented in many leadership positions, but also usually aspire to these positions more strongly than women. The prospect of making repeated categorical judgments may discourage women from these positions more than, say, a lack of confidence, an aversion to hierarchies or competitive environments, discomfort at working in a male-dominated field, or fear of discrimination.

——选自外语教学与研究出版社出版的《新视野大学英语（第三版）长篇阅读 2》第七单元的 A 篇文章。

附录 10 前测

姓名_____ 学号_____ 成绩_____

Write out the meaning in Chinese according to the English phrases.（写出下列短语的中文意思。）

a lack of _____

feel at home _____

shower sb. with sth. _____

at the time _____

reach (an) agreement _____

face the prospect (of/that …) _____

settle a dispute_____

hold sb. responsible (for sth.) _____

take the blame (for sth.) _____

reach the point (where/when) _____

back down _____

mend fences _____

a real eyesore _____

take offence (at sth.) _____

make it clear (that) _____

do no such thing _____

pull away _____

make up for _____

all but _____

play a role in doing sth. _____

附录 11 实验任务

任务 1 和 3：输出驱动阶段补全句子任务

姓名_____ 学号_____ 成绩_____

Complete the sentences with the suitable chunks in the box.（填入适当的短语完成句子。）

face the prospect（of/that ...）	take offence（at sth.）
make it clear（that）	settle a dispute
hold sb. responsible（for sth.）.	（a）real eyesore
back down	do no such thing
reach the point（where/when）	reach（an）agreement
take the blame（for sth.）	

1. I'll _____ for the failure of the project because I was in charge.

2. He _____, but I refuse to say it was my fault.

3. It wasn't my fault and I _____ to my boss.

4. They will quarrel over the question if no one is prepared to _____ _____.

5. We've tried to get him to agree to it, but he'll _____.

6. He feels we've _____ where we must decide, but I'm not entirely sure.

7. I'm afraid he _____ at something I said, so now we'll never come to terms.

8. If we lose our first few opening games, we _____ of a difficult season.

9. Since our points of view differ, we can't _____.

10. Stella thinks the new cinema is _____ and I

completely agree; it's very ugly.

11. As far as I am concerned, violence is never a way to _____ _____.

任务 2: Reading Comprehension

Read the short passage and try to understand the main idea of it. (阅读文章,了解故事内容。)

Neighbours Refuse to Mend Fences

When Barry Hunt put a three-metre wire fence round his garden, neighbour Adam Clark thought it was a real eyesore, and asked him to remove it. Mr. Hunt took offence and made it clear that he would do no such thing. One year on, the two still haven't reached agreement, and now face the prospect of having to settle their dispute in court. "It's absurd," said Mr. Clark. "He holds me entirely responsible and refuses to take any of the blame. The sad truth is, we've reached the point where neither of us will back down."

——选自陆亚平翻译、由英语本族语者 Grairns & Redman 编写的《牛津英语词汇》系列第三册(上海译文出版社 2011 年 11 月第 1 版)

附录 12 测试题

Immediate test 即时产出性知识测试

姓名_____ 学号_____ 成绩_____

根据中文意思写出英文短语。

非常碍眼的建筑或东西	_____
对……生气	_____
清楚地说明	_____
不会做这样的事	_____
达成协议	_____
认识到某事有可能发生	_____
解决争端	_____
追究某人（对某事）的责任	_____
承担责任	_____
到了……地步或时候	_____
让步；认输	_____
改善（不良）关系	_____

Immediate test 即时接受性知识测试

姓名_____ 学号_____ 成绩_____

写出短语的中文或英文释义。

face the prospect （of/that …）	_____
settle a dispute	_____
reach the point （where/when）	_____
take offence （at sth.）	_____
make it clear （that）	_____
take the blame （for sth.）	_____
back down	_____
do no such thing	_____
mend fences	_____
a real eyesore	_____
hold sb. responsible（for sth.）	_____
reach（an）agreement	_____

Post test 延时产出性知识测试

姓名_____ 学号_____ 成绩_____

根据中文意思写出英文短语。

认识到某事有可能发生	_____
清楚地说明	_____
到了……地步或时候	_____
承担责任	_____
追究某人（对某事）的责任	_____
不会做这样的事	_____
对……生气	_____
达成协议	_____
非常碍眼的建筑或东西	_____
解决争端	_____
让步；认输	_____
改善（不良）关系	_____

Post test 延时接受性知识测试

姓名_____ 学号_____ 成绩_____

写出短语的中文或英文释义。

back down	_____
take the blame（for sth.）	_____
make it clear（that）	_____
face the prospect（of/that ...）	_____
a real eyesore	_____
hold sb. responsible（for sth.）	_____
settle a dispute	_____
reach（an）agreement	_____
take offence（at sth.）	_____
do no such thing	_____
reach the point（where/when）	_____
mend fences	_____

附录 13 输入文章（粗体语块为目标语块）

The Donkey and His Masters

A donkey lived with his master. His master **earned his living** by selling herbs in the market. **Despite the fact that** the donkey always **did his best** and worked all day, his master wanted the donkey to work harder. So he worked **on and on**.

Every day the donkey wished he had a different master. The master never gave him enough **food to eat**. **Little by little**, the donkey **lost hope** that things would change. He **came to a decision** that he **had had enough**. He **couldn't help but** think that **one way or another**, he had to leave. He **no longer** wanted to work for his master. He thought: "**It's now or never**". There was only one person who could help the donkey. The donkey **searched for** Jupiter, the god of the sky and rain.

"Could you **do me a favor**, Jupiter?" begged the donkey, "Please give me a new master." The donkey explained why he wanted a new master. Jupiter did not **turn down** the donkey's request. "I will give you a new master," Jupiter said finally. "But," Jupiter said firmly, "you will regret **making this request**". The donkey was **too** happy **to** care. He was really **looking forward to** meeting his new master.

The donkey's new master was a brick-maker **by trade**. The donkey had to pull heavy carts of brick every day. The donkey's master wanted him to work harder. He did not give the donkey any water, **let alone** any food. The donkey was also unhappy with his new master. **In desperation**, he **got in touch with** Jupiter again. "Please give me a new master," begged the donkey. "I'll give you a new master," Jupiter said finally.

"But," Jupiter said firmly, "this is the last time I will help you. It will **be no use coming back** again. This will be your last and only master." The donkey was too happy to care. Again he **took no notice of** Jupiter's words.

The donkey's new master was a tanner. He caught animals and killed them. Then he skinned them and sold their hide. Now, **worst of all**, the donkey wasn't just tired. He was also **frightened of** this new master.

He recalled Jupiter's words: "You will regret wishing for a new master."

The donkey's eyes were **full of tears**. "**On second thoughts**, it would have been better if I had stayed with the other masters," the donkey cried. "I may have been hungry, or I may have been tired from too much work, but they would not have skinned me like those animals. He will **make use of** me even after I die."

In the end, the donkey **learned a lesson**. It is better to **make the best of** your situation **rather than** try to change it.

附录 14

Pre-test

Multiple choices

Please choose one answer from four choices.

1. _____, his first year as President was regarded as a success. (   )

   A. General   B. General speaking

   C. Generally   D. In generally

2. I can use a computer, but _____ repairing them I don't know a thing. (   )

   A. as it comes to   B. if it comes to

   C. when it comes to   D. how it comes to

3. Although I worked so hard for years, _____ did I gain from this business. (   )

   A. a little   B. few

   C. much   D. little

4. Many shop owners all know that selling fake commodities _____. (   )

   A. is approved   B. is approved of

   C. is disapproved   D. is disapproved of

5. It _____ that you are not aware of the risks involved. (   )

   A. has the sense   B. makes the sense

   C. does not have the sense   D. does not make sense

Translation test

Complete the following sentences in English.

1. They requested that _____（我借的书还给图书馆）by next Friday.

2. _____（给游客印象最深的）was the friendliness and warmth of the local people.

3. _____（他对那个女孩的经历所知甚少），although he has met her for many times.

4. People watch acts of violence committed by murderers in films know that _____（暴力行为是不被社会接受的）.

5. When people become unemployed, _____ _____（对他们进行再培训是很有用的）.

Post-test

Multiple choices

Please choose one answer from four choices.

1. There was a noise outside, and Bill _____ his flashlight. (　　　)

  A. got around   B. moved on

  C. made up   C. reached for

2. You have to make sure you are courageous _____ strong before you got divorced. (　　　)

  A. as good as   B. as well as

  C. as well   D. and as well as

3. She learned English quite well. But _____ about the culture of the western countries. (　　　)

A. little she knew   B. little did she know

C. she knew much   D. did she know little

4. Many college students strongly _____ couples living together. (   )

A. approve   B. disagree

C. disapprove   D. disapprove of

5. It _____ you review the texts every day. (   )

A. makes the sense that   B. has the sense that

C. makes sense whether   D. makes sense that

Translation test

Complete the following sentences in English.

1. _____（为了确保他参加会议）, I called him up in advance.

2. The significant museum _____（据说建成于）about a hundred years ago.

3. _____（那位司机很少知道）that the accident which has caused many deaths is due to his carelessness.

4. I am old enough to get married, but my mother _____（对我带回家的每一个男朋友都不满意）.

5. As a college student, _____ _____（你不去了解社会是没有意义的）.

An induction writing test

Directions: For this part, you are allowed 30 minutes to write a short essay entitled **Knowledge and Diploma**. You should follow the outline given below：

1. 人们对文凭和知识之间有什么关系了解甚少。

2. 有人同意文凭越高，知识就越多的观点；也有人认为这种观点是不可接受的。

3. 正确了解文凭和知识之间的关系是有作用的。

附录 15

目标语块表（24 个）

cut no ice with（someone）	不起作用
in over one's head	难以应付的情况
as thick as thieves	亲密无间
hit it off with（someone）	（与某人）一见如故
fast and furious	迅速多变的
egg sb. on	怂恿
lose one's cool	怒不可遏
clear cut	明确的
keep one's back covered	对事情有个清楚的交代
feed sb. a line	向某人虚报情况
throw in the towel	承认失败
show sb. the ropes	教某人做某项工作的方法
go through sth.	从头到尾阅读
high and mighty	盛气凌人的
jump the gun	过早做某事
follow suit	照着做
get a kick out of（something）	从做某事中得到乐趣
with one's eyes closed	轻易地
out of the blue	出乎意料地
ride high	洋洋自得
walk on air	感到非常高兴
cut and dried	现成的
slip one's mind	忘记
hammer something home	（向某人）明确某事

附录 16

Test 1 语块形式自由回忆

姓名：_____ 自由回忆成绩：_____

Free recall of the form（the unknown English idioms）

要求尽量回忆所学的英语语块，并直接写在下面。（不必按照顺序）

附录 17

Test 2 语块意义自由回忆

姓名：_____ 自由回忆成绩：_____

Free recall of the meaning (the known Chinese meaning of the idioms)

要求尽量回忆所学英语语块的意义（中文翻译），并直接写在下面。（不必按照顺序）

附录 18

Test 3 写出语块意义

姓名：_____ 成绩：_____

Write out the following idioms' meaning in Chinese.（写出下面英语语块的中文意思）

cut no ice with（someone） _____

in over one's head _____

as thick as thieves _____

hit it off with（someone） _____

fast and furious _____

egg sb. on _____

lose one's cool _____

clear cut _____

keep one's back covered _____

feed sb. a line _____

throw in the towel _____

show sb. the ropes _____

go through sth. _____

high and mighty _____

jump the gun _____

follow suit _____

get a kick out of（something） _____

with one's eyes closed _____

out of the blue _____

ride high _____

walk on air　　　　　　　　　　_____

cut and dried　　　　　　　　　_____

slip one's mind　　　　　　　　_____

hammer something home　　　_____

附录 19

初中英语语块能力测试题（前测）

学校：_____ 姓名：_____ 年级：_____ 班级：_____

本部分测试你对英语短语知识的掌握情况。每项把短语知识分为五个等级。

① 我从未见过这个语块；

② 我以前见过这个语块，但我不知道它的意思；

③ 我以前见过这个语块，我认为它的意思是_____（给出一个同义短语或翻译这个短语）；

④ 我认识这个语块。它的意思是_____（给出一个同义短语或翻译这个短语）；

⑤ 我能用这个语块造句，例如：_____（写出句子）。

注意：

1.请根据你的实际情况选出下面短语符合你的等级并写在横线上。

2.如果你选了第⑤项，那么第④项也要写要填写。

例如，如果你不仅认识 a lot of 这个短语，也能进行正确造句，那么你可以作答如下：

a lot of ④许多 ⑤ I have a lot of books.

1. hear of _____

2. as... as... _____

3. wake up _____

4. in a minute _____

5. except for _____

6. have sth done _____

7. neither ... nor ... _____

8. in one's opinion _____

9. hope to do sth. _____

10. leave for _____

11. look forward to _____

12. make sb. do sth. _____

13. without question _____

14. can't help doing sth. _____

15. be away from _____

16. with the help of _____

17. by the way _____

18. talk about _____

19. rather than _____

20. in place _____

21. take place _____

22. not only ... but also ... _____

23. It take sb. to do sth. _____

24. It's + *adj.* + to do sth. _____

25. It's said that ... _____

附录 20

高一英语语块能力测试题(后测)

学校：_____ 姓名：_____ 年级：_____ 班级：_____

本部分测试你对英语短语知识的掌握情况。每项把短语知识分为五个等级。

① 我从未见过这个语块；

② 我以前见过这个语块，但我不知道它的意思；

③ 我以前见过这个语块，我认为它的意思是_____（给出一个同义短语或翻译这个短语）；

④ 我认识这个语块。它的意思是_____（给出一个同义短语或翻译这个短语）；

⑤ 我能用这个语块造句，例如：_____（写出句子）_____。

注意：

1.请根据你的实际情况选出下面语块符合你的等级并写在横线上。

2.如果你选了第⑤项，那么第④项也要写要填写。

例如，如果你不仅认识 a lot of 这个短语，也能进行正确造句，那么你可以作答如下：

a lot of ④许多 ⑤ I have a lot of books.

1. a number of _____

2. the same ... as ... _____

3. cut off _____

4. in a way _____

5. be shocked at _____

6. as a matter of fact _____

7. neither ... nor ... _____

8. belong to _____

9. take the place of _____

10. be used to do _____

11. at the end of _____

12. according to _____

13. because of _____

14. give away _____

15. There is no doubt that ... _____

16. from ... on _____

17. I wonder if ... _____

18. dream about _____

19. would rather ... than _____

20. be worth doing _____

21. before long _____

22. those who ... _____

23. My dream is to ... _____

24. It's ...that ... _____

25. The reason why ... is that ... _____

附录 21

中学生英语学情问卷调查

学校：_____ 姓名：_____ 年级：_____ 班级：_____

同学们好！下面的项目旨在了解中学生学习英语的情况。为了保证数据的真实性，请务必按照实际情况，而不是按照你认为理想的做法来答题。要求先认真阅读填表说明以及每一条题目，然后根据数字所代表的意思，圈出你所选的数字。谢谢同学们的合作。

1=这种做法完全或几乎完全不符合我的情况；

2=这种做法通常不符合我的情况；

3=这种做法有时符合我的情况；

4=这种做法通常符合我的情况；

5=这种做法完全或几乎完全符合我的情况。

1. 我习惯逐个字母死记硬背来记忆单词的。（　　　　）

2. 在读英语句子时，我按照每个单词的中文意思串起来理解英语句子的意思。（　　　　）

3. 在用英语写作时，我按照汉语思路套上一个个英语单词来写英语句子。（　　　　）

4. 我会使用地道的英语本族语者的词汇组合、搭配、惯用语来学习、记忆和使用新单词。（　　　　）

5. 学习课文的时候，我喜欢由老师逐句分析课文中的语法知识，然后由老师或者录音机带读课文。（　　　　）

6. 我通常都是逐字逐词地进行阅读。（　　　　）

7. 在写作的时候，我会有意识地使用一些连接词来提高文章的连贯性和流利性。（　　　　）

8. 因为我知道学习要靠自己，所以我总是会自主地学习英语，很注重

学习方法。(　　　)

9．我常常通过前后句子或者上下文等语境来猜测生词的意思。(　　　)

10．学完课文以后，我会通过短语来复述课文、编故事、对话练习等活动方式加深对课文的理解。(　　　)

11．在听力训练时，我会把注意力主要集中在听清楚每一个单词，从中理解所听的内容。(　　　)

12．在学习语法时，我会结合句型结构来加深对语法点的理解，或者自己补充一些例子。(　　　)

13．我会通过收听英语新闻、看英语电视节目、英语电影等方式来学习英语。(　　　)

14．课外，我会尽量寻找能够用英语交流的机会，锻炼英语口语。(　　　)

15．我认为学好英语正确的学习方法很重要。(　　　)

参考文献

[1] AITCHISON J. Words in the mind: an introduction to the mental lexicon[M]. Oxford: Blackwell Publishers, 1987.

[2] ALALI F A, N SCHMITT. Teaching formulaic sequences: the same as or different from teaching single words?[J]. TESOL Journal, 2012, 3 (2): 153-179.

[3] ARNAUD P J L, S J SAVIGNON. Rare words, complex lexical units and the advanced learner[C]//COADY J, T HUCKIN. Second language vocabulary acquisition. Cambridge: Cambridge University Press, 1997: 157-73.

[4] ATKINSON D, CHURCHILL E, NISHINO T, et al. Alignment and interaction in a sociocognitive approach to second language acquisition[J]. Modern Language Journal, 2007 (91): 169–188.

[5] BAHNS J, M ELDAW. Should we teach EFL students collocations?[J]. System, 1993 (21): 101-114.

[6] BARCROFT J. Effects of opportunities for word retrieval during second language vocabulary learning[J]. Language Learning, 2007, 57(1): 35-56.

[7] BARCROFT J. Semantic and structural elaboration in L2 lexical acquisition[J]. Language Learning, 2002 (52): 323-363.

[8] BECKER J. The phrasal lexicon[C]//NASH-WEBBER B, R SCHANK. Theoretical issues in natural language processing. Cambridge, Mass.: Bolt, Beranek, and Newman, 1975.

[9] BIBER D, JOHANSSON S, LEECH G, et al. Longman grammar of spoken and written English[M]. London: Longman, 1999.

[10] BISHOP H. Noticing formulaic sequence - A problem of measuring the

subjective[J]. LSO Working Papers in Linguistics, 2004 (4): 15-19.

[11] BOERS F, S LINDSTROMBERG. Experimental and intervention studies on formulaic sequences in a second language[J]. Annual Review of Applied Linguistics, 2012 (32): 83-110.

[12] BOERS F, S LINDSTROMBERG. Optimizing a lexical approach to instructed second language acquisition[M]. New York: Palgrave Macmillian, 2009: 22-43.

[13] BOERS F, S LINDSTROMBERG. Cognitive linguistic approaches to teaching vocabulary and phraseology[M]. Berlin and New York: Mouton de Gruyter, 2008.

[14] BOERS F, S LINDSTROMBERG. Finding ways to make phrased-learning feasible: The mnemonic effect of alliteration[J]. System, 2005 (33): 225-258.

[15] CARPENTER S K. Cue strength as a moderator of the testing effect: The benefits of elaborative retrieval[J]. Journal of Experimental Psychology: Learning, Memory, and Cognition, 2009, 35 (6): 1563-1569.

[16] CHEN C, J TRUSCOTT. The effects of repetition and L1 lexicalization on incidental vocabulary acquisition[J]. Applied Linguistics, 2010, 31 (5): 693-713.

[17] COHEN J. A power primer[J]. Psychological Bulletin, 1992 (112): 155-159.

[18] COKLIN K, N SCHMITT. Formulaic sequences: Are they processed more quickly than non-formulaic language by native and non-native speakers?[J]. Applied Linguistics, 2008, 29 (1): 72-90.

[19] COXHEAD A. Vocabulary research and pedagogy: Introduction to the special issue[J]. Language Teaching Research, 2015, 19 (6): 641-644.

[20] CRAIK F I M, R S LOCKHART. Levels of processing: A framework for

memory research[J]. Journal of Verbal Learning and Verbal Behavior, 1972（11）: 671-684.

[21] CRAIK F I, E TULVING. Depth of processing and the retention of words in episodic memory[J]. Journal of Experimental Psychology: General, 1975: 104.

[22] DEKEYSER R. Skill acquisition theory[C]//VANPATTERN B, J WILLIAMS. Theory in second language acquisition: An introduction. NJ: Lawrence Erbaum, 2007: 97-113.

[23] DURRANT P, N SCHMITT. Adult learners' retention of collocations from exposure[J]. Second Language Research, 2010, 26（2）: 163-188.

[24] ELLIS R. Does form-focused instruction affect the acquisition of implicit knowledge? A review of the research[J]. Studies in Second Language Acquisition, 2002（24）: 223-236.

[25] ELLIS N C. Vocabulary acquisition word structure collocation, word class and meaning[C]//SCHMITT N, M MCCARTHY. Vocabulary description, acquisition and pedagogy. Cambridge: Cambridge University Press, 1997: 122-139.

[26] ELLIS R. Language teaching research and language pedagogy[M]. MA: Wiley Blackwell: 2012.

[27] ELLIS N. Sequencing in SLA: phonological memory, chunking, and points of order[J]. Studies of Second Language Acquisition, 1996（18）: 91-216.

[28] EYCKMANS J, BOERS F, S Lindstromberg. The impact of imposing processing strategies on L2 learners' deliberate study of lexical phrases[J]. System, 2016（56）: 127-139.

[29] FOLSE K S. The effect of type of written exercise on L2 vocabulary retention[J]. TESOL Quarterly, 2006（40）: 273-293.

[30] HINKEL E. Handbook of research in second language teaching and learning[M]. Mahwah, NJ: Lawrence Erlbaum Associntes, 2005.

[31] HOANG H, F BOERS. Re-telling a story in a second language: How well do adult learners mine an input text for multiword expressions?[J]. Studies in Second Language Learning and Teaching, 2016, 6(3): 513-535.

[32] HULSTIJN H H, B LAUFER. Some empirical evidence for the Involvement Load Hypothesis in vocabulary acquisition[J]. Language Learning, 2001, 51(3): 539-558.

[33] IZUMI S. Output, input enhancement, and the noticing hypothesis: An experimental study on ESL relativization[J]. Studies in Second Language Acquisition, 2002, 24(4): 541-577.

[34] KARPICKE J D, A C BLUNT. Retrieval practice produces more learning than elaborative studying with concept mapping[J]. Science, 2011, 331(6018): 772.

[35] KARPICKE J D, H L ROEDIGER III. Repeated retrieval during learning is the key to long term retention[J]. Journal of Memory and Language, 2007(57): 151-162.

[36] KRASHEN S. The input hypothesis: issues and implications[M]. London: Longman, 1985.

[37] KRASHEN S D, R SCARCELLA. On routines and patterns in the theory of grammar[M]. Cambridge, MA: Winthrop Publishers, 1976.

[38] KUIPER K, COLUMBUS G, N. SCHMITT. Acquiring phrasal vocabulary [C]//FOSTER-COHEN S. Advances in language acquisition. Basingstoke, UK: Palgrave Macmillan, 2009: 216-240.

[39] LANGACHER R W. foundations of cognitive grammar vol 1: theroretical prerequisites[M]. Stanfort: Stanford University Press, 1987.

[40] LARSEN-FREEMAN D. Making sense of frequency[J]. Studies in Second Language Acquisition, 2002(24): 275-285.

[41] LARSEN-FREEMAN D. The importance of input in second language acquisition[C]//ANDERSEN R. Pidginzation and Creolization as language acquisition. Rowley, MA: Newbury House, 1983: 87-93.

[42] LAUFER B, J H HULSIJN. Incidental vocabulary acquisition in a second language: The construct of task-induced involvement[J]. Applied Linguistics, 2001, 22(1): 1-26.

[43] LAUFER B. The lexical plight in second language reading[C]// COADY J, T HUCKIN. Second language vocabulary acquisition: a rationale for pedagogy. 上海: 上海外语教育出版社, 2001: 20-34.

[44] LEWIS M. Implementing the lexical approach: Putting theory into practice[M]. Hove: Language Teaching Publications, 1997: 54-55.

[45] LEWIS M. The lexical approach[M]. Hove: Language Teaching Publications, 1993.

[46] LINDSTROMBERG S, F BOERS. Phonemic repetition and the learning of lexical chunks: The power of assonance[J]. System, 2008, 36: 423-436.

[47] LOEWEN S. Introduction to instructed second language acquisition[M]. New York: Routledge, 2015.

[48] LONG M, P ROBINSON. Focus on form: Theory, research and practice [C]//DOUGHTY C, J WILLIAMS. Focus on form in second language acquisition. Cambridge: CPU, 1998: 15-41.

[49] MCLAUGHLIN B. Theories of second-language learning[M]. London: Edward Arnold, 1987.

[50] MCNAMARA D S, A F HEADY. A procedural explanation of the generation effect: The use of an operand retrieval strategy for

multiplication and addition problems[J]. Journal of Memory and Language, 1995（43）: 652-679.

[51] MEUNIER F, GRANGER S. Phraseology in foreign language learning and teaching[M]. Amsterdam, the Netherlands: John Benjamins, 2008.

[52] MIN H. EFL vocabulary acquisition and retention: Reading plus vocabulary enhancement activities and narrow reading[J]. Language Learning, 2008, 58（1）: 73-115.

[53] NAGY W E, HERMAN A, C ANDERSON. Learning words from context[J]. Reading Research Quarterly, 1985（20）: 233-253.

[54] NATTINGER R, J DECARRICO. Lexical phrases and language teaching[M]. Shanghai: Shanghai Foreign Language Education Press, 1992: 1.

[55] NUNAN D, K M BAILEY. Exploring second language classroom research[M]. Heinle: Cengage Learning, 2009.

[56] ORTEGA L. Understanding second language acquisition[M]. London: Routledge, 2013: 66-101.

[57] PARIBAKHT T S, M WESCHE. Reading and "incidental" L2 vocabulary acquisition: An introductive study of lexical inferencing[J]. Studies in Second Language Acquisition, 1999, 21（2）: 195-224.

[58] PARIBAKHT T S, M WESCHE. Vocabulary enhancement activities and reading for meaning in second language vocabulary acquisition[C]//COADY J, T HUCKIN. Second language vocabulary acquisition: A rationale for pedagogy. Cambridge: CUP, 1997.

[59] PAWLEY A, F H SYDER. Two puzzles for linguistic theory: native-like selection and native-like fluency[C]//RICHARDS J, R SCHMIT. Language and communication. London: Longman, 1983: 193.

[60] PAWLEY A, F H SYDER. The one-clause-at-a-time

hypothesis[C]//RIGGENBATH H. Perspectives on fluency[C]. The University of Michigan Press, Ann Arbor, 2000: 163-199 (a revised version of a 1976 paper).

[61] PETERS E. Learning German formulaic sequences: The effect of two attention-drawing techniques[J]. Language Learning Journal, 2012(40): 65-79.

[62] PICKERING M J, S GARROD. Toward a mechanistic psychology of dialogue[J]. Behavioral and Brain Sciences, 2004, 27 (2): 169-26.

[63] PICKERING M J, S GARROD. Alignment as the basis for successful communication[J]. Research on Language and Computation. 2006 (4): 203-228.

[64] PSY M A, K A RAWSON. Why testing improves memory: Mediator effectiveness hypothesis[J]. Science, 2010, 330 (6002): 335.

[65] RENOUF A, J SINCLAIR. Collocational frameworks in English[C]//AIJMER K, B ALTENBERG. English corpus linguistics: Studies in honour of Jan Svartvic[C]. Longman London, 1991.

[66] ROEDIGER H L, J D KARPICKE. The power of testing memory: Basic research and implications for educational practice[J]. Psychological Science, 2006 (17): 249-255.

[67] ROTT S. The effect of exposure frequency on intermediate language learners' incidental vocabulary acquisition and retention through reading[J]. Studies in Second Language Learning, 1999 (21): 589-619.

[68] ROYER J M. Memory effects for test-like events during acquisition of foreign language vocabulary[J]. Psychological Reports, 1973 (32): 164-171.

[69] SCHMITT N. Researching vocabulary: A vocabulary research manual[M]. Basingstoke, UK: Palgrave Press, 2010.

[70] SCHMITT N, R CARTER. Formulaic sequences in action: An introduction[C]//SCHMITT N. Formulaic sequences. Amsterdam, the Netherlands: John Benjamins, 2004.

[71] SCHMIDT R. Implicit learning and the cognitive unconscious: of artificial grammars and SLA[C]//ELLIS N. Implicit and explicit learning of language. London: Academic Press, 1994: 165-209.

[72] SCHMIDT R W. The role of consciousness in second language learning[J]. Applied Linguistics, 1990 (13): 206-226.

[73] SCHMITT N. Vocabulary in language teaching[M]. Cambridge: Cambridge University Press, 2004.

[74] SINCLAIR J M. Corpus, concordance, collocation[M]. Oxford: Oxford University Press, 1991.

[75] SPOLSKY B. Conditions for second language learning[M]. Oxford: Oxford University Press, 1989.

[76] SWAIN M. Communicative competence: Some roles of comprehensible input and comprehensible output in its development[C]// GASS S, C MADDEN. Input in second language acquisition. Rowley, MA: Newbury House, 1985: 235-253.

[77] TIMMIS I. The lexical approach is dead: Long live the lexical dimension[J]. Modern English Teacher, 2008, 17 (3): 5-10.

[78] TOMASELLO M. Constructing a Language: A usage-based theory of language acquisition[M]. Cambridge, Mass.: Harvard University Press, 2003.

[79] VANPATTEN B. Attenting to content and form in the input: An experiment in consciousness[J]. Studies in Second Language Acquisition, 1990 (12): 287-301.

[80] VANPATTEN B. Processing instruction[C]// SANZ C. Mind and context in adult second language acquisition. Washington DC: Georgetown University Press, 2007: 267-281.

[81] VANPATTEN B. 从输入到输出——第二语言习得教师手册[M]. 北京: 世界图书出版公司北京公司, 2007: 87.

[82] WANG C, M WANG. Effect of alignment on L2 written production[J]. Applied Linguistics, 2015, 36 (5): 503-526.

[83] WEBB S. The effects of repetition on vocabulary knowledge[J]. Applied Linguistics, 2007, 28 (1): 46-65.

[84] WEBB S, NEWTON J, A CHANG. Incidental learning of collocation[J]. Language Learning, 2013, 63 (1): 91-120.

[85] WEBB S, E KAGIMOTO. Learning collocations: Do the number of collocates, position of the node word, and synonymy affect learning?[J]. Applied Linguistics, 2011 (32): 259-276.

[86] WEN Z. Is noticing vital for L2 learning? — A critical review of Schmidt's "Noticing Hypothesis" [J]. CELEA Journal, 2008, 31 (3): 3-8.

[87] WHITE L. The implications of divergent outcomes in second language acquisition[J]. Second Language Research, 1998, 14 (4): 321-323.

[88] WIDDOWSON H G. Knowledge of language and ability for use[J]. Applied Linguistics, 10: 128-37

[89] WOOD D. Fundamentals of formulaic language: An introduction[M]. New York/London: Bloomsbury Academic, 2015.

[90] WRAY A. Formulaic language and the lexicon[M]. Cambridge: Cambridge University Press, 2002: 463-489.

[91] WRAY A. Formulaic sequences in second language teaching: principles and practice[J]. Applied Linguistics, 2000, 21 (4): 463-489.

[92] 常小玲. "产出导向法"的教材编写研究[J]. 现代外语, 2017 (3): 359-368.

[93] 陈伟平. 增强学生词块意识提高学生写作能力[J]. 外语界, 2008 (3): 48-53.

[94] 陈艳, 赵倩倩. 语块习得与口语交际能力的相关性研究[J]. 山东外语教学, 2010 (2): 52-55.

[95] 戴运财, 崔文琦. 基于二语习得研究的外语教学十原则——从理论到实践[J]. 解放军外国语学院学报, 2014 (6): 31-39.

[96] 刁琳琳. 英语本科生词块能力调查[J]. 解放军外国语学院学报, 2004 (4): 35-38.

[97] 丁言仁, 戚焱. 词块运用与英语口语和写作水平的相关性研究[J]. 解放军外国语学院学报, 2005 (3): 49-53.

[98] 段士平. 从词块能力看词汇深度习得中的"高原现象"[J]. 国外外语教学, 2007 (4): 27-32.

[99] 段士平. 国内二语语块教学研究述评[J]. 中国外语, 2008 (7): 63-67.

[100] 范烨. 注意在二语动名词搭配习得中的作用[J]. 外语教学与研究, 2008, 40 (3): 170-177.

[101] 盖淑华. 最近发展区中的词块习得实证研究——基于支架式教学的实验报告[J]. 外语与外语教学, 2010 (5): 68-72.

[102] 顾朝华. Lexical Approach 理论下高中英语词汇教学模式的探究[D]. 上海: 华东师范大学, 2010.

[103] 顾琦一. 输入、输出研究路在何方[J]. 外语学刊, 2009 (5): 157-160.

[104] 桂诗春. 新篇心理语言学[M]. 上海: 上海外语教育出版社, 2010

[105] 郭晓英, 毛红梅. 语块教学对英语写作能力影响的实验研究[J]. 山东外语教学, 2010 (3): 52-59.

[106] 黄燕, 王海啸. 二语语块研究"中国图景": 语块研究的现状和前瞻[J]. 外语界, 2011 (3).

[107] 姜琳, 陈锦. 读后续写对英语写作语言准确性、复杂性和流利性发展的影响[J]. 现代外语, 2015（3）: 819-829.

[108] 姜琳, 涂孟玮. 读后续写对二语词汇学习的作用研究[J]. 现代外语, 2016（6）: 366-375.

[109] 缪海燕. 外语写作互动的语篇协同研究[J]. 现代外语, 2017（5）: 630-641.

[110] 刘加英. 词块与大学英语口语教学[J]. 山东外语教学, 2006（4）: 88-90.

[111] 刘丹丹. 二语词汇附带习得中的输入强化时机研究[J]. 外语与外语教学, 2013, 273（6）: 33-37.

[112] 吕良环. 指导学生对英语词汇形成合理的认识[J]. 中小学英语教学与研究, 2010,（8）.

[113] 吕良环. 谈谈英语语块教学内容的组织[J]. 中小学英语教学与研究, 2012,（4）.

[114] 马琳, 苏乐舟, 孟宏党. 信息提取方式的生成效应与二语生词识记关系的实证研究[J]. 四川外语学院学报, 2009, 25（2）: 77-81.

[115] 毛澄怡. 语块及其在英语学习者会话中的使用特征[J]. 解放军外国语学院学报, 2008,（2）: 58-62.

[116] 戚炎. 英语专业口语中的词块使用情况的跟踪研究[J]. 外语界, 2010,（5）: 34-41.

[117] 邱琳. "产出导向法"语言促成环节过程化设计研究[J]. 现代外语, 2017（3）: 386-396.

[118] 屈典宁, 邓军. 基于语料库的语块习得模式研究[J]. 外语界, 2010（1）: 47-53.

[119] 沈敏瑜. 词汇法———一种新的教学路子[J]. 外语界, 1999（3）: 27-31.

[120] 孙丰果. 中国应用语言学发展的若干问题——文秋芳教授访谈录[J]. 外语教学理论与实践, 2016（2）: 8-13.

[120] 孙曙光. "师生合作评价"课堂反思性实践研究[J]. 现代外语，2017（3）：397-406.

[121] 王初明. "补缺假说"与"哑巴英语"和"汉式英语"[J]. 外语界，2003（5）：2-5.

[122] 王初明. 读后续写——提高外语学习效率的一种有效方法[J]. 外语界，2012（5）：1-7.

[123] 王初明. 读后续写何以有效促学[J]. 外语教学与研究，2015（5）：753-762.

[124] 王初明. 哪类练习促学外语[J]. 当代外语研究，2013（2）：28-31.

[125] 王初明. 互动协同与外语教学[J]. 外语教学与研究，2011（4）：297-299.

[126] 王初明. 以写促学中的词汇学习[J]. 外国语言文学，2005（1）：1-5.

[127] 王改燕. 二语自然阅读词汇附带习得研究[J]. 解放军外国语学院学报，2009，32（5）：48-53.

[128] 王改燕. 第二语言阅读过程中词汇附带习得认知机制探析[J]. 外语教学，2010，31（2）：49-53.

[129] 王立非，张大凤. 国外二语预制语块习得研究的方法进展与启示[J]. 外语与外语教学，2006（5）：17-21.

[130] 王立非. 基于语料库的大学生英语议论文中的语块使用模式研究[J]. 外语电化教学，2006（4）：36-40.

[131] 王敏,王初明. 读后续写的协同效应[J]. 现代外语,2014（4）:501-512.

[132] 王新朋,孔文,王永祥. 输出驱动对多维词汇知识习得的影响研究[J]. 外语与外语教学，2017（1）：86-94.

[133] 卫乃兴. 中国学生英语口语的短语学特征研——COLSEC 口语料库的词块证据研究[J]. 现代外语，2007（3）：109-110.

[134] 文秋芳，韩少杰. 英语教学研究方法与案例分析[M]. 上海：上海教育出版社：2011.

[135] 文秋芳. 二语习得重点问题研究[M]. 北京：外语教学与研究出版社，2010.

[136] 文秋芳. 输出驱动假设在大学英语教学中的应用：思考与建议[J]. 外语界，2013（6）：14-22.

[137] 文秋芳. 输出驱动-输入促成假设：构建大学外语课堂教学理论的尝试[J]. 中国外语教育，2014（2）：3-12.

[138] 文秋芳. 构建"产出导向法"理论体系[J]. 外语教学与研究，2015（4）：547-558.

[139] 文秋芳. "产出导向法"的中国特色[J]. 现代外语，2017（3）：348-358.

[140] 温忠麟，张雷，侯杰泰，等. 中介效应检验及其应用[J]. 心理学报，2004（5）：614-620.

[141] 温忠麟，叶宝娟. 中介效应分析：方法和模型发展[J]. 心理科学进展，2014，22（5）：731-745.

[142] 吴建设，郎建国，党群. 词汇附带习得于"投入量假设"[J]. 外语教学与研究，2007（5）：360-366.

[143] 吴建设，郎建国，伏力，等. 基于阅读强化方式的二语词汇习得研究[J]. 现代外语，2010（2）：109-116.

[144] 吴静，王瑞东. 词块——英语教学有待开发的资源[J]. 山东外语教学，2002（3）：66-70.

[145] 肖福寿. 用词型法进行英文词汇教学[J]. 外语与外语教学，2000（5）：34-37.

[146] 徐浩. 阅读任务中词汇附带习得注意过程的探索性研究[J]. 外语教学理论与实践，2012（2）：48-54.

[147] 严维华. 语块对基本词汇习得的作用[J]. 解放军外国语学院学报，2003（6）：58-62.

[148] 杨华. 读后续写对中高级水平外语学习者写作修辞的学习效应研究[J]. 外语教学与研究，2018（4）：596-607.

[149] 杨玉晨. 英语词汇的"板块"性及其对英语教学的启示[J]. 外语界，1999（3）：71-77.

[150] 姚玉琴. 以单元主题为基础的英语词块教学的实证研究[D]. 南京：南京师范大学，2008.

[151] 于秀莲. 语块教学法与提高英语应用能力的实验研究[J]. 外语界，2008（3）：54-61.

[152] 袁静. 预制语块在高中英语教学中的应用研究[D]. 武汉：华中师范大学，2006.

[153] 袁卓喜. 试论语块在翻译过程中的作用与启示[J]. 外语界，2009(5)：83-89.

[154] 原萍，郭粉绒. 语块与口语流利性的相关性研究[J]. 外语界，2010（1）：54-62.

[155] 张伶俐."产出导向法"的教学有效性研究[J]. 现代外语，2017（3）：369-376.

[156] 张文娟."产出导向法"对大学英语写作影响的实验研究[J]. 现代外语，2017（3）：377-385.

[157] 张正东. 张正东教授访谈录[J]. 基础教育外语教学研究，2004（3）.

[158] 张霞. 基于语料库的中国高级英语学习者词块使用研究[J]. 外语界，2010（5）：48 57.

[159] 赵继政. 背诵对英语语块习得的影响[J]. 外语教学理论与实践，2008（2）：45-49.

[160] 郑超，原石红. 从语块类型看中国学习者"... and ..."语块的习得[J]. 外语教学与研究，2011，43（1）：109-117.

[161] 郑咏滟. 母语在二语词汇深度指示中的角色[J]. 解放军外国语学院学报，2012，35（3）：51-55.

[162] 钟萍. 语块理论的应用研究——以高中英语教学为例[D]. 上海：上海师范大学，2010.

[163] 周丹丹,徐燕. 频次效应对多词动词习得的影响研究[J]. 外语教学,2014（2）：59-62.

[164] 周丹丹. 频次对词块习得的影响研究：基于使用的视角[J]. 外语与外语教学,2014（6）：62-67.

[165] 周正钟. 商务英语信函写语块教学与研究[M]. 成都：西南交通大学出版社,2010：3.

[166] 周正钟. 记忆提取与音位重复对二语语块习得影响的实证研究[J],解放军外国语学院学报,2014（6）：83-90.

[167] 周正钟. 语块教学法新探——理论、实证与教学延伸[M]. 苏州：苏州大学出版社,2016：11.

[168] 周正钟. 输入与输出频次对二语语块产出性知识习得的影响研究[J]. 外语界,2016（2）：65-73.

[169] 周蓉,吕丽珊. 输入增显与任务投入量对英语词汇搭配习得影响的实证研究[J]. 现代外语,2010,35（1）：81-88.